Siegfried Zabransky

Lyrik und Musik

Textbuch meiner Liederzyklen zu Gedichten
von Goethe, Heine, Hesse, Rilke, Gedichten
der Romantik, und eigenen Gedichten

www.tredition.de

Impressum

Verlag: tredition GmbH, Hamburg

ISBN: 978-3-347-22128-4

Printed in Germany

Bibliografische Information der Deutschen Nationalbibliothek:

Die Deutsche Nationalbibliothek verzeichnet diese Publikation in der Deutschen Nationalbibliografie; detaillierte bibliografische Daten sind im Internet über http://dnb.d-nb.de abrufbar.

und meine Seele spannte weit

ihre Flügel aus

Mondnacht,
Joseph Freiherr von Eichendorff

Danksagung

Meinen Freunden Peter Främcke und Willi Sternagel danke ich für Ihre wertvollen Anregungen bei der Planung und Bearbeitung des Manuskriptes, sowie für die mühevolle Arbeit des Korrekturlesens.

Siegfried Zabransky, 2020

Siegfried Zabransky

Lyrik und Musik

Textbuch
zu meinen Liederzyklen

Gedichte von

Clemens Brentano,
Matthias Claudius,
Annette Droste-Hülshoff,
Marie von Ebner-Eschenbach,
Joseph von Eichendorff,
Erich Fried,
Johann Wolfgang von Goethe,
W. Maximilian von Goethe,
Friedrich Hebbel,
Heinrich Heine,
Hermann Hesse,
Friedrich Hölderlin,
Eduard Möricke,
Rainer Maria Rilke,
Friedrich Rückert,
Friedrich von Schober,
Theodor Storm,
Ludwig Uhland,
Lieder aus der Sammlung
„des Knaben Wunderhorn",
Siegfried Zabransky.

Inhaltsverzeichnis

Vorwort

Textbuch

Das Buch enthält die von mir vertonten Gedichte von Johann Wolfgang von Goethe, Heinrich Heine, Rainer Maria Rilke, eigene Gedichte, und Verse von Dichtern/innen aus der Zeit der Romantik und später. Die Gedichte von Hermann Hesse werden aufgelistet, die Texte aber aus urheberrechtlichen Gründen nicht aufgeführt.

Zu den Gedichten von Goethe und Rilke werden Angaben zur Interpretation und Entstehung zitiert.

Eine ausführliche Darstellung der Biografien der Autoren würde den Rahmen dieses Buches sprengen. Auf meiner Homepage www.sigihom.de sind dazu zahlreiche Literaturhinweise und Zusammenfassungen zu finden.

Lyrik, das Gedicht

Erlebtes und Erdachtes lesen wir im Roman, in Novellen, Erzählungen und anderen Prosawerken. Gefühle und Gedanken lassen sich eher in Gedichten ausdrücken. Die Aussage wird „verdichtet", „auf den Punkt gebracht", in Worte gefasst, und so einfühlbar vermittelt.

Der Begriff "Lyrik" stammt aus dem Griechischen. Ursprünglich beschreibt er eine Dichtung, die zum Spiel der Lyra, einem Saiteninstrument, vorgetragen wurde. Seit der griechischen Antike wird der Begriff "Lyrik" – neben "Epik" und "Dramatik" – auch zur Beschreibung einer von drei literarischen Gattungen verwendet. Im Deutschen wird die Bezeichnung "lyrischer Text" heute weitgehend synonym zu "Gedicht" gebraucht, ebenso "Lyrik" und "Poesie".

[Zitat: Dr. Tabea Kretschmann:
Der Begriff "Lyrik"

https://www.br.de/alphalernen/faecher/deutsch/1-lyrik-begriff-literarische-texte100.html]

Meine Musik

Der Rhythmus der Verse und die sich ergebende Klangfarbe führen das Wort zur Melodie, zum Lied. Meine Vertonungen ergeben sich aus dem Wort und Sinngehalt der Gedichte. Die Worte werden zu Musik. Es entstehen Klangfiguren. Meine Melodien halten sich eng an die Texte der Gedichte. Sie sind meine Liedertexte.

Mit den Stilmitteln des New Orleans und Swing, aber auch im Walzertakt, erklingen bekannte Texte auf neue Art. Entstanden in den 1930er Jahren in den USA als eine Stilrichtung des Jazz strahlen sie Lebensfreude aus, lassen aber auch Melancholie und Trauer zu. Erlebt habe ich das in der Reservation Hall und auf den Straßen in New Orleans. Das Leichte, Lässige, Lebensfrohe, das ich in vielen der ausgesuchten Gedichten finde, ist bei dieser Musik gut herauszuhören.

Warhol erzielte mit seinen Portraits erstaunliche Effekte bei den Betrachtern, indem er das gleiche Bild mehrmals in verschiedenen Farbtönen darstellte.

Ähnliches geschieht mit den Klangeffekten meiner Musik, wenn ich ein Lied mit gleicher Melodie, aber verschiedener Instrumentierung und Rhythmen spielen lasse.

Meine Auswahl der Gedichte ist subjektiv und zufällig. Was der Autor mit Worten vermitteln wollte, in Musik umzusetzen, aus dem Lied heraus zu hören und zu spüren, das ist die Intention. Wo der Vers lustig ist, soll auch die Musik fröhlich klingen; wo von Trauer und Leid die Rede ist, wird man kein Tanzlied erwarten. Einfaches darf auch einfach klingen.

Eine Zusammenstellung meiner Kompositionen wurde 2017 publiziert:

Meine Lieder, 548 Seiten, Hardcover, ISBN 978-3-943113-19-8; 2017

Meine Walzer, 360 Seiten, Hardcover, ISBN 978-3-943113-18-1, 2017

Aktualisierung: Album „Meine Lieder 2020"

Textbuch: **Lyrik und Musik**

Musik: Auf 6 CDs ist die Musik von mehr als 200 vertonten Gedichten aufgespielt.

Liederzyklen

CD 1: „Mädchen, mein Mädchen, wie lieb ich dich"
22 Gedichte
von Johann Wolfgang von Goethe

CD 2: „Liebesglück und Liebesleid"
41 Gedichte von Heinrich Heine

CD 3: „Jedem Anfang wohnt ein Zauber inne"
61 Gedichte von Hermann Hesse

CD 4: „Du musst das Leben nicht verstehen"
21 Gedichte von Rainer Maria Rilke

CD 5: „Mondnacht"
25 Gedichte der Romantik und später

CD 6: „Und meine Seele spannte weit ihre Flügel aus"
60 Gedichte von Siegfried Zabransky

Liederzyklus
nach Gedichten von
Johann Wolfgang von Goethe
28.08.1749 Frankfurt/Main –
22.09.1832 Weimar

„Mädchen, mein Mädchen, wie lieb ich dich"

Einleitung:

Goethe schrieb etwa 3000 Gedichte. Viele wurden vertont (von Beethoven, Mahler, Schubert, Schumann, Strauss, Zelter, u.a.). Er beeinflusste so entscheidend die Entwicklung der Gattung Kunstlied. Mozart komponierte nur ein Lied nach einem Gedicht von Goethe, das als „Das Veilchen" (1785) bekannt wurde. Schubert vertonte dagegen 62 Texte von Goethe. Er verehrte ihn, während Goethe Schubert kaum beachtete. Goethe war der am häufigsten vertonte Dichter Beethovens. Goethe schrieb u.a. auch Texte zu einer Reihe von Singspielen und Opern. Das Zusammenwirken von Dichtung und Musik war ihm sehr wichtig. Eine besonders innige Freundschaft verband ihn mit Carl Friedrich Zelter (1758-1832), der 70 Gedichte von Goethe vertonte.

Literatur:

Dietlinde Küpper, Goethes Verhältnis zur Musik, ISBN 978-3-7497-3163-3

Norbert Miller, Die ungeheure Gewalt der Musik. Goethe und seine Komponisten, ISBN 978-3-446-23299-0

Astrid Seele, Frauen um Goethe, Rowohlt Verlag, 2019

Frauen um Goethe,
ihr Einfluss auf seine Werke:

Anna Amalia (1739-1807) Herzogin von Sachsen-Weimar- Eisenach

Bettine von Arnim (4.4.1785-20.1.1858) „Goethes Briefwechsel mit einem Kinde"

Friederike Brion (1752-1813) *Sesenheimer Lieder (Heidenröslein, Mailied, Willkommen und Abschied, u.a.)*

Charlotte Buff („Lotte") (1753-1828) *Vorbild für Leiden des jungen Werther*

Minchen (Minna) Herzlieb (25.1789-10.7.1865) *Vorbild für die Ottilie in Goethes Wahlverwandtschaften*

Susanna Catharina von Klettenburg (1723 – 1774) Schriftstellerin; Freundin von Goethe und seiner Mutter

Ulrike von Levetzow (4.2.1804 – 13.11.1899) *Marienbader Elegien, Trilogie der Leidenschaft (1827)*

Anna Elisabeth "Lili" Schönemann (1758-1817) *Wehmut, Auf dem See, Neue*

Liebe, neues Leben, An Belinden, Wonne der Wehmut, Herbstgefühl. Goethe war mit ihr 6 Monate verlobt.

Anna Katherina Käthchen Schönkopf
(1746-1810) seine erste Liebe

Charlotte von Stein (1742-1827)
Wanderers Nachtlied

Christiane Vulpius,
(1.6.1765 – 6.6.1816) *Gefunden, Römische Elegien (1788/90).* Sie zieht 1788 in sein Gartenhaus und führt seine Wirtschaft; lebt seitdem mit Goethe in "wilder" Ehe. Heirat mit Goethe erst1806 nachdem sie ihn bei der Besetzung Weimars durch die Franzosen aus einer lebensgefährlichen Situation gerettet hatte.

Marianne von Willemer (20.11.1784 - 6.12.1860) *Gingko biloba; Buch Suleika, West-Östlicher Divan*

Verzeichnis der Gedichte

1 Wanderers Nachtlied No 1

Der du von dem Himmel bist,
alles Leid und Schmerzen stillest,
den, der doppelt elend ist,
doppelt mit Erquickung füllest.
Ach, ich bin des Treibens müde!
Was soll all die Qual und Lust?
Süßer Friede, komm,
ach komm in meine Brust!

Im Februar 1776 schrieb Goethe vom Et-
tersberg (Weimar) aus einen Brief an Frau
von Stein und fügte diesem dieses Gedicht
bei.

2 Wanderers Nachtlied No 2

über allen Gipfeln ist Ruh.
In allen Wipfeln spürest du
kaum einen Hauch.
Die Vögelein schweigen im Walde.
Warte nur, balde ruhest du auch.

Am Abend des 6. September 1780 ent-
stand auf dem Kickelhahn (Ilmenau) ein ähn-
liches Gedicht, dem Goethe den gleichen
Namen gab. Er schrieb es an die Holzwand
einer Jagdhütte.

3 Heidenröslein

Sah ein Knab ein Röslein stehn,
Röslein auf der Heiden.
War so jung und morgenschön,
lief er schnell, es nah zu sehn.
Sah's mit vielen Freuden.
Röslein, Röslein Röslein rot.
Röslein auf der Heiden.
Knabe sprach:
"Ich breche dich,
Röslein auf der Heiden".
Röslein sprach "Ich steche dich,
dass du ewig denkst an mich,
und ich wills nicht leiden."
Röslein, Röslein Röslein rot.
Röslein auf der Heiden.
Und der wilde Knabe brach´s

Röslein auf der Heiden.
Röslein wehrte sich und stach,
half ihm doch kein Weh und Ach,
musst' es eben leiden.
Röslein, Röslein Röslein rot.
Röslein auf der Heiden.

Goethe verfasste den Text während seines Studienaufenthaltes in Straßburg um 1770. Zu dieser Zeit hatte der 21-Jährige eine kurze, aber heftige Liebschaft mit der elsässischen Pfarrerstochter Friederike Brion, an die auch das Gedicht gerichtet war. Gemeinsam mit anderen an Friederike gerichteten Gedichten und Liedern (Mailied u.a.) wird das Heidenröslein zur Gruppe der Sesenheimer Lieder gezählt. Vertonungen u.a. von Franz Schubert (1815), Heinrich Werner, Robert Schumann (1840), aber auch Franz Lehar.

4 Ginkgo Biloba

Dieses Baumes Blatt,
der von Osten
meinem Garten anvertraut,
gibt geheimen Sinn zu kosten,

wie's den Wissenden erbaut.
Ist es ein lebendig Wesen,
das sich in sich selbst getrennt?
Sind es zwei, die sich erlesen,
dass man sie als eines kennt?
Solche Fragen zu erwidern
fand ich wohl den rechten Sinn.
Fühlst du nicht
an meinen Liedern,
dass ich eins und doppelt bin?

Dieses Gedicht hat Johann Wolfgang von Goethe für seine späte Liebe Marianne von Willemer geschrieben (1815). Das Ginkgoblatt wird darin als Sinnbild für Liebe und Freundschaft beschrieben. Geschichtlicher Hintergrund: Bei einer Reise ins Rhein-Main-Gebiet trifft Goethe am 4. August 1814 seinen Jungendfreund, Bankier und Geheimrat Johann Jakob Willemer, und dessen zukünftige Ehefrau Marianne Jung (1784-1860). Die gut gebildete junge österreichische Schauspielerin und Sängerin macht großen Eindruck auf Goethe. In den nächsten Monaten entwickelt sich eine leidenschaftliche Liebesromanze zwischen der

35 Jahre jüngeren Frau und dem 66-jährigen Dichter. Nach einem Jahr im Spätsommer 1815 ist Goethe erneut zu Gast bei den Willemers in Frankfurt. Im September fahren sie gemeinsam nach Heidelberg. Goethe, der sich für Botanik interessiert, entdeckt bei seinen Spaziergängen im Schlosspark einen kuriosen orientalischen Baum mit dem Namen Gingko. Der Baum hat eigentümliche Blätter mit einer eleganten und herzförmigen Blattform. Es ist schwer zu entscheiden, ob das Blatt aus zwei Hälften, die sich in eins verschmelzen, besteht, oder ob es ein ganzes darstellt, das sich in zwei Teilen trennt. Goethe schickt Marianne Willemer am 15. September 1815 ein Ginkgoblatt als Symbol der Freundschaft. Dieses Datum steht auch auf dem Liebesgedicht, das der Dichter „Gingo Biloba", ohne „k", nennt. Am 27. September 1815 verabschiedet sich der Dichter von Marianne und verspricht ihr, sie auf dem Rückweg nach Weimar zu besuchen, was er jedoch nicht tut. Stattdessen adressiert er an sie, indirekt durch ein Familienmitglied, dieses Gedicht. Den Brief verziert Goethe mit arabischer Geheimschrift, die Marianne ebenso wie die versteckte Botschaft des Gedichts verstehen kann. Unter dem hand-geschriebenen Gedicht hat Goethe sorgfältig zwei gekreuzte Gingkoblätter angeheftet. *Deuten die Verse schon das Ende der Liebesbeziehung an? Das Schicksal hat mitbewirkt, dass das Paar sich nie wieder gesehen hat.*

https://lektuerehilfe.de/johann-wolfgang-von-goethe/gedichte/analyse-und-interpretation/gingo-biloba

5 Gefunden

Ich ging im Walde so für mich hin,
und nichts zu suchen,
das war mein Sinn.
Im Schatten sah ich
ein Blümchen stehn,
wie Sterne leuchtend,
wie Äuglein schön.
Ich wollt es brechen,
da sagt es fein:
„Soll ich zum Welken
gebrochen sein?"
Ich grub's mit allen
den Würzlein aus.
Zum Garten trug ich's

am hübschen Haus.
und pflanzt es wieder am stillen Ort.
Nun zweigt es immer
und blüht so fort.

Goethe schrieb dieses Gedicht genau ein Vierteljahrhundert nachdem er seine Christiane gefunden hatte, nämlich im August 1813. Christiane ist das Blümchen, das er fand.

6 Das Veilchen

Ein Veilchen auf der Wiese stand,
gebückt in sich und unbekannt.
Es war ein herzigs Veilchen.
Da kam eine junge Schäferin
mit leichtem Schritt und
munterm Sinn daher, daher,
die Wiese her, und sang.
Ach! denkt das Veilchen, wär' ich nur
die schönste Blume der Natur.
Ach, nur ein kleines Weilchen,
bis mich das Liebchen abgepflückt
und an dem Busen matt gedrückt!

Ach nur, ach nur
ein Viertelstündchen lang!
Ach! aber ach! das Mädchen kam
und nicht in Acht das Veilchen nahm.
Ertrat das arme Veilchen.
Es sank und starb
und freut' sich noch:
„Und sterb' ich denn, so sterb' ich
doch durch sie, durch sie,
zu ihren Füssen doch!"

Johann Wolfgang von Goethe verfasste das Gedicht 1774. Der Text wurde mehrmals vertont: von Johann Friedrich Reichardt (1783), Wolfgang Amadeus Mozart (1785, KV 476), Anton Steffan, Johann Andre, Anna Amalie von Braunschweig.

7 Wehmut

Ihr verblühet, süße Rosen,
meine Liebe trug euch nicht.
Blühet, ach! dem Hoffnungslosen,
dem der Gram die Seele bricht.
Jener Tage denk' ich trauernd,
als ich, Engel, an dir hing,

auf das erste Knöspchen lauernd,
früh zu meinem Garten ging;
Alle Blüten, alle Früchte
noch zu deinen Füßen trug,
und vor deinem Angesichte
Hoffnung in dem Herzen schlug.
Ihr verblühet, süße Rosen,
meine Liebe trug euch nicht.
Blühet, ach! dem Hoffnungslosen,
dem der Gram die Seele bricht.

Problematisch verlief seine Liebesbeziehung zu der Offenbacher Bankierstochter Lili Schönemann. Er suchte der bedrängenden Situation auf einer Reise in die Schweiz zu entfliehen und löste 1775 schließlich die im Vorjahr eingegangene Verlobung. Das erotische Erlebnis fand erneut ein vielfältiges Echo im dichterischen Werk („Neue Liebe, neues Leben", „An Belinden", „Wonne der Wehmut", „Lilis Park", „Auf dem See","Herbstgefühl").

http://www.friedrich-gymnasium.de/biblio/BIOGRAFIEN/ goethe.htm

8 Gleich und gleich

Ein Blumenglöckchen
vom Boden hervor
war früh gesprosset in lieblichem Flor.
Da kam ein Bienchen
und naschte fein.
Die müssen wohl beide
für einander sein.

9 Gesang der Geister über den Wassern

Des Menschen Seele
gleicht dem Wasser:
Vom Himmel kommt es,
zum Himmel steigt es,
und wieder nieder zur Erde
muss es, ewig wechselnd.
Strömt von der hohen,
steilen Felswand
der reine Strahl,
dann stäubt er lieblich
in Wolkenwellen zum glatten Fels,

und leicht empfangen
wallt er verschleiernd,
leis rauschend zur Tiefe nieder.
Ragen Klippen dem Sturz entgegen,
schäumt er unmutig stufenweise
zum Abgrund.
Im flachen Bette schleicht er
das Wiesental hin.
Und in dem glatten See weiden
ihr Antlitz alle Gestirne.
Wind ist der Welle lieblicher Buhler.
Wind mischt vom Grund aus
schäumende Wogen.
Seele des Menschen,
wie gleichst du dem Wasser!
Schicksal des Menschen,
wie gleichst du dem Wind!

1779. Vergleich der menschlichen Seele mit dem Wechsel des Wassers im Wasserfall. Die Vergänglichkeit des Menschen. Ein ewiger Kreislauf. Eine Gedenktafel an den Krimmler Wasserfällen (Österreich) weist auf dieses Gedicht hin. Angeregt wurde Goethe aber vom Staubbachfall im Lauterbrunnen-

tal. Im Jahr 1779 unternahm Johann Wolfgang von Goethe gemeinsam mit seinem acht Jahre jüngeren Dienstherrn, Herzog Karl August von Sachsen Weimar, seine zweite Reise in die Schweiz, die sich von September bis Januar 1780 erstreckte. In dem Zeitraum zwischen dem 9. und 11. Oktober hielt sich der Autor mit seiner Reisegesellschaft im Berner Oberland, und zwar im Gebiet um das Lauterbrunnental in der Nähe von Interlaken, auf. Dort besichtigte er auch den berühmten hohen Staubbachfall, einen natürlichen Wasserfall, der 300 Meter dunkle und senkrechte Felswände hinunterfällt und dabei eine neblige Gischt verursacht.

10 Mailied

Wie herrlich leuchtet mir die Natur!
Wie glänzt die Sonne!
Wie lacht die Flur!
Es dringen Blüten aus jedem Zweig
und tausend Stimmen
aus dem Gesträuch
und Freud und Wonne

aus jeder Brust.
O Erd, o Sonne! O Glück, o Lust!
O Lieb, o Liebe! So golden schön,
wie Morgenwolken auf jenen Höhn!
Du segnest herrlich das frische Feld,
im Blütendampfe die volle Welt.
O Mädchen, Mädchen,
wie lieb ich dich!
Wie blickt dein Auge!
Wie liebst du mich!
So liebt die Lerche Gesang und Luft,
und Morgenblumen
den Himmelsduft.
Wie ich dich liebe mit warmem Blut,
die du mir Jugend und Freud und Mut
zu neuen Liedern und Tänzen gibst.
Sei ewig glücklich, wie du mich liebst!

Der 21-jährige Goethe widmete dieses und weitere Gedichte ("Sesenheimer Lieder") während seines Jurastudiums in Straßburg (1770/71) der 18-jährigen Pfarrerstochter

Friederike Brion (1752-1813) aus Sesenheim (Elsass), mit der ihn eine Liebelei verband.

11 Der Fischer

Das Wasser rauscht,
das Wasser schwoll,
ein Fischer saß daran,
sah nach dem Angel ruhevoll,
kühl bis an's Herz hinan.
Und wie er sitzt und wie er lauscht,
teilt sich die Flut empor.
Aus dem bewegten Wasser rauscht
ein feuchtes Weib hervor.
Sie sang zu ihm, sie sprach zu ihm:
"Was lockst du meine Brut
mit Menschenwitz und Menschenlist
hinauf in Todesglut?
Ach wüsstest du, wie's Fischlein ist
so wohlig auf dem Grund,
du stiegst herunter, wie du bist,
und würdest erst gesund.

Labt sich die liebe Sonne nicht,
der Mond sich nicht im Meer?
Kehrt wellenatmend ihr Gesicht
nicht doppelt schöner her?
Lockt dich der tiefe Himmel nicht,
das feucht verklärte Blau?
Lockt dich dein eigen Angesicht nicht
her in ew'gen Tau?"
Das Wasser rauscht',
das Wasser schwoll,
netzt' ihm den nackten Fuß.
Sein Herz wuchs ihm
so sehnsuchtsvoll,
wie bei der Liebsten Gruß.
Sie sprach zu ihm, sie sang zu ihm,
da war's um ihn geschehn:
Halb zog sie ihn, halb sank er hin,
und ward nicht mehr gesehn.

Das Gedicht „Der Fischer" von Johann Wolfgang von Goethe wurde im Jahr 1779 veröffentlicht und fällt somit in die Epoche des Sturm und Drang, als deren wichtigster Vertreter Goethe selbst gilt. Goethe sagte selbst über seine Ballade: „Es ist in dieser Ballade bloß das Gefühl des Wassers ausgedrückt, das Anmutige, was uns im Sommer lockt, uns zu baden; weiter liegt nichts darin."

12 An den Mond

Füllest wieder Busch und Tal
still mit Nebelglanz.
Lösest endlich auch einmal
meine Seele ganz.
Breitest über mein Gefild
lindernd deinen Blick,
wie des Freundes Auge mild
über mein Geschick.
Jeden Nachklang fühlt mein Herz
froh und trüber Zeit.
Wandle zwischen
Freud' und Schmerz
in der Einsamkeit.
Fließe, fließe, lieber Fluss!
Nimmer werd' ich froh.
So verrauschte Scherz und Kuss

und die Treue so.
Ich besaß es doch einmal,
was so köstlich ist!
Dass man doch zu seiner Qual
nimmer es vergisst!
Rausche, Fluss, das Tal entlang,
ohne Rast und Ruh.
Rausche, flüstre meinem Sang
Melodien zu,
wenn du in der Winternacht
wütend überschwillst
oder um die Frühlingspracht
junger Knospen quillst.
Selig, wer sich vor der Welt
ohne Hass verschließt,
einen Freund am Busen hält
und mit dem genießt.
Was, von Menschen nicht gewusst
oder nicht bedacht,
durch das Labyrinth der Brust
wandelt in der Nacht.

Das Gedicht „An den Mond" von Johann Wolfgang Goethe (1. Fassung 1778, 2. Fassung 1789) verbindet die Schilderung einer nächtlichen Naturszenerie mit der Thematisierung des Verlusts von Liebe und Freundschaft und der Abwendung von der menschlichen Gesellschaft. Der Rückzug in die Natur und insbesondere in die Einsamkeit der Nacht wird als Trost gegenüber den Enttäuschungen und Frustrationen dargestellt, denen das Individuum in der Gesellschaft ausgesetzt ist.

https://lyrik.antikoerperchen.de/johann-wolfgang-von-goethe-an-den-mond, textbearbeitung,372.html

13 Auf dem See

Und frische Nahrung, neues Blut
saug' ich aus freier Welt'.
Wie ist Natur so hold und gut,
die mich am Busen hält!
Die Welle wieget unsern Kahn
im Rudertakt hinauf,
und Berge, wolkig, himmelan,
begegnen unserm Lauf.
Aug', mein Aug',
was sinkst du nieder?
Goldne Träume, kommt ihr wieder?

Weg, du Traum! so gold du bist.
Hier auch Lieb' und Leben ist.
Auf der Welle blinken
tausend schwebende Sterne.
Weiche Nebel trinken
rings die türmende Ferne.
Morgenwind umflügelt
die beschattete Bucht,
und im See bespiegelt
sich die reife Frucht.

Schweizreise Goethes; Goethe schrieb die erste Fassung des Gedichts anlässlich einer Bootspartie, die er während einer Schweizreise 1775 auf dem Zürichsee mit Freunden unternahm. Seine endgültige Form erhielt der Text 1789, als der achte Band seiner „Schriften" erschien. Die ursprüngliche, also noch zur Sturm-und-Drang-Zeit entstandene Version bestand aus zwei Gedichten. Sie ist der Liebesbeziehung zu Lili Schönemann, einer Frankfurter Bankierstochter, zuzuordnen. Ähnlich wie die Liebe zu Friederike Brion empfand er auch dieses Verhältnis als problematisch, weshalb es ebenfalls nur wenige Monate anhielt. Die Schweizreise war auch eine Art Beziehungsflucht. Im Winter 1774/1775 lernt Johann

Wolfgang von Goethe in Frankfurt am Main Anna Elisabeth Schönemann kennen. Der Dichter verliebt sich in die neun Jahre jüngere Bankierstochter, und schon im April folgt die Verlobung. Doch Goethe fühlt sich bei dem Gedanken an die Heirat sowie die damit einhergehenden Zwänge, Verpflichtungen und Hindernisse unwohl. Er sehnt sich danach, frei und nur dem eigenen Willen unterworfen zu sein. Um der Situation für eine kurze Zeit zu entkommen, unternimmt er mit Freunden eine Reise in die Schweiz. Das Gedicht ist ein typisches Beispiel für die Zeit des Sturm und Drang, in der das Gefühl thematisch den Mittelpunkt der Lyrik ausmachte. Goethe möchte für sich Klarheit schaffen und eine Entscheidung zwischen der Liebe und der Freiheit fällen. Seine Überlegungen werden in das Gedicht „Auf dem See" einbezogen, welches der sechsundzwanzigjährige Dichter nach einer Kanufahrt auf dem Züricher See am 15. Juni 1775 in seinem Tagebuch notiert. Die zweite Fassung erarbeitet er für die Veröffentlichung im Jahr 1789. Das Gedicht erscheint demzufolge auf den ersten Blick wie ein Erlebnis- oder Naturgedicht. Doch ist in diesem außerdem eine tiefere Wahrheit inbegriffen.

14 Osterspaziergang

Vom Eise befreit
sind Strom und Bäche,
durch des Frühlings
holden, belebenden Blick.
Im Tale grünet Hoffnungsglück.
Der alte Winter, in seiner Schwäche,
zog sich in rauhe Berge zurück.
Von dorther sendet er, fliehend,
nur ohnmächtige Schauer
körnigen Eises
in Streifen über die grünende Flur.
Aber die Sonne duldet kein Weisses:
überall regt sich
Bildung und Streben.
Alles will sie mit Farben beleben;
doch an Blumen fehlts im Revier:
Sie nimmt geputzte Menschen dafür.
Kehre dich um, von diesen Höhen

nach der Stadt zurückzusehen!
Aus dem hohlen finstern Tor
dringt ein buntes Gewimmel hervor.
Jeder sonnt sich heute so gern.
Sie feiern die Auferstehung des Herrn,
denn sie sind selber auferstanden
aus niedriger Häuser
dumpfen Gemächern, aus Handwerks-
und Gewerbesbanden, aus dem Druck
von Giebeln und Dächern,
aus Strassen quetschender Enge.
Aus der Kirchen ehrwürdiger Nacht
sind sie alle ans Licht gebracht.
Sieh nur sieh!
wie behend sich die Menge
durch die Gärten und Felder
zerschlägt,
wie der Fluss, in Breit' und Länge,
so manchen lustigen Nachen bewegt,
und, bis zum Sinken überladen
entfernt sich dieser letzte Kahn.
Selbst von des Berges fernen Pfaden
blinken uns farbige Kleider an.

Ich höre schon des Dorfs Getümmel.
Hier ist des Volkes wahrer Himmel.
Zufrieden jauchzet gross und klein:
"Hier bin ich Mensch, hier darf ich 's
sein."

Osterspaziergang: Goethes Faust entstand zwischen 1770 (der sog. Urfaust) und 1832. Das Gedicht ist eine Art Naturgedicht, in dem zahlreiche Personifikationen die Natur und vor allem der Frühling förmlich zum Leben erweckt werden, und den Winter sowie das Unbelebte in ihre Schranken verweisen, sowie das Leben in die Landschaft malen.

15 Der König in Thule

Es war ein König in Thule,
gar treu bis an das Grab,
dem sterbend seine Buhle einen gold-
nen Becher gab.
Es ging ihm nichts darüber.
Er leert' ihn jeden Schmaus.
Die Augen gingen ihm über,
so oft er trank daraus.

Und als er kam zu sterben,
zählt' er seine Städt' im Reich,
gönnt' alles seinen Erben,
den Becher nicht zugleich.
Er saß beim Königsmahle,
die Ritter um ihn her,
auf hohen Vätersaale
dort auf dem Schloss am Meer.
Dort stand der alte Zecher, trank
letzte Lebensglut
und warf den heil'gen Becher
hinunter in die Flut.
Er sah ihn stürzen, trinken und sin-
ken tief ins Meer.
Die Augen täten ihm sinken,
trank nie einen Tropfen mehr.

Das Gedicht „Der König von Thule" wird von Gretchen in der Szene „Abend" in dem Drama Faust I gesungen.

16 Flohlied des Mephisto

Es war einmal ein König,
der hatt´ einen großen Floh,
den liebt er gar nicht wenig,
als wie seinen eigenen Sohn.
Da rief er seinen Schneider.
Der Schneider kam heran:
Da, miss dem Junker Kleider
und miss ihm Hosen an!
In Sammet und in Seide
war er nun angetan.
Hatte Bänder auf dem Kleide
hatt´ auch ein Kreuz daran.
Und war sogleich Minister
und hatt einen großen Stern.
Da wurden seine Geschwister
bei Hof auch große Herrn.
Und Herrn und Fraun am Hofe,
die waren sehr geplagt,
die Königin und die Zofe
gestochen und genagt,
und durften sie nicht knicken
und weg sie jucken nicht.

Wir knicken und ersticken doch,
doch gleich, wenn einer sticht.

Im Auerbachskeller zu Leipzig spielt jene berühmte Szene mit den nicht belehrbaren Trunkenbolden Frosch, Brander, Siebel und Altmayer sowie Mephisto und Faust. Mephisto, der Faust von seinem Ziel „die Menschen zu bekehren und zu verbessern" abbringen möchte, wird durch die Kommentare der Saufkumpanen immer wieder unterbrochen. Als Schauspielmusik konzipiert, endet das Lied mit dem Chor der Zecher. Angewidert vom Dilemma der Menschheit, scheint Faust im Auerbachs Keller ziemlich sprachlos zu resignieren: „Ich hätte Lust nun abzufahren." hört man ihn sagen. Es handelt sich um eine sog. Periphrase, welche allzu leicht zum Herrscher aufgestiegene Personen mit einem Floh vergleicht. Von höfischer Vetternwirtschaft und geplagten Staatsmännern ist die Rede. Minister wird man mithilfe des „Schneiders" und nicht durch Sachverstand und Verdienste.

https://www.meditaterra.de/es-war-einmal-beethovens-vertonung-des-flohlieds-aus-dem-faust/

17 Die Freuden

Es flattert um die Quelle
die wechselnde Libelle.
Mich freut sie lange schon.
Bald dunkel und bald helle,
wie der Chamäleon.
Bald rot, bald blau,
bald blau, bald grün.
O dass ich in der Nähe
doch ihre Farben sähe!
Sie schwirrt und schwebet,
rastet nie!
Doch still, sie setzt sich
an die Weiden.
Da hab ich sie! Da hab ich sie!
Und nun betracht ich sie genau,
und seh ein traurig dunkles Blau.
So geht es dir,
Zergliedrer deiner Freuden!

18 Neue Liebe, Neues Leben

Herz, mein Herz, was soll das geben?
Was bedränget dich so sehr?
Welch ein fremdes, neues Leben!
Ich erkenne dich nicht mehr.
Weg ist alles, was du liebtest,
weg dein Fleiß und deine Ruh.
Ach, wie kamst du nur dazu!
Fesselt dich die Jugendblüte,
diese liebliche Gestalt,
dieser Blick voll Treu und Güte
mit unendlicher Gewalt?
Will ich rasch mich ihr entziehen,
mich ermannen, ihr entfliehen,
führet mich im Augenblick,
ach, mein Weg zu ihr zurück.
Und an diesem Zauberfädchen,
das sich nicht zerreissen lässt,
hält das liebelose Mädchen
mich so wider Willen fest.
Muss in ihrem Zauberkreise
leben nun auf ihre Weise.

Die Veränderung, ach, wie groß!
Liebe! Liebe! Lass mich los.

*1775. Das Gedicht steht in einer Reihe von
anderen Werken, die unter dem Eindruck
von Goethes unglücklicher Beziehung zu
Lili Schönemann entstanden, mit der er für
ein halbes Jahr verlobt war, ehe er sie ver-
ließ.*

19 Einschränkung

Ich weiß nicht, was mir hier gefällt
in dieser engen, kleinen Welt.
Mit holdem Zauberband mich hält?
Vergess ich doch, vergess ich gern,
wie seltsam mich das Schicksal leitet.
Und ach, ich fühle, nah und fern
ist mir noch manches zubereitet.
O, wäre doch das rechte Maß getroffen!
Was bleibt mir nun, als eingehüllt,
von holder Lebenskraft erfüllt,
in stiller Gegenwart
die Zukunft zu erhoffen.

20 Der Rattenfänger

Ich bin der wohlbekannte Sänger,
der vielgereiste Rattenfänger,
den diese altberühmte Stadt
gewiss besonders nötig hat.
Und wären's Ratten noch so viele,
und wären Wiesel mit im Spiele,
von allen säubr' ich diesen Ort.
Sie müssen mit einander fort.
Dann ist der gutgelaunte Sänger
mitunter auch ein Kinderfänger,
der selbst die wildesten bezwingt,
wenn er die goldnen Märchen singt.
Und wären Knaben noch so trutzig,
und wären Mädchen noch so stutzig,
in meinen Saiten greif' ich ein,
sie müssen alle hinter drein.
Dann ist der vielgewandte Sänger
gelegentlich auch Mädchenfänger.
In keinem Städtchen langt er an,
wo er's nicht mancher angetan.
Und wären Mädchen noch so blöde,

und wären Weiber noch so spröde;
doch allen wird so liebebang
bei Zaubersaiten und Gesang.

*Entstanden im Sommer 1801 während einer
Kur in Bad Pyrmont.*

21 Um Mitternacht

Um Mitternacht ging ich,
nicht eben gerne,
Klein, kleiner Knabe,
jenen Kirchhof hin
Zu Vaters Haus, des Pfarrers;
Stern am Sterne
Sie leuchteten doch alle gar zu schön;
Um Mitternacht.
Wenn ich dann ferner
in des Lebens Weite
Zur Liebsten mußte,
mußte, weil sie zog,
Gestirn und Nordschein über mir
im Streite, Ich gehend,

kommend Seligkeiten sog;
Um Mitternacht.
Bis dann zuletzt des vollen Mondes
Helle So klar und deutlich mir ins
Finstre drang,
Auch der Gedanke willig, sinnig,
schnelle
Sich ums Vergangne wie ums Künf-
tige schlang um Mitternacht.

*Das Gedicht entstand am 3.02.1818. Goe-
the nannte es sein „Lebenslied" und
schätzte es seit „seiner mitternächtigen un-
vorgesehenen Entstehung" immer sehr
hoch ein.*

*siehe: https://literaturkritik.de/goethe-um-
mitternacht-ging-ich-zeitbewusstsein-und-
alterskunst,24800.html*

22 Freudvoll und leidvoll

Freudvoll und leidvoll,
gedankenvoll sein,
Langen und Banden

in schwebender Pein.
Himmelhoch jauchzend
zum Tode betrübt:
Glücklich allein
ist die Seele, die liebt

Veröffentlich 1788.
Klärchens Lied im Trauerspiel Egmont.

Zitat: Erschienen in der FAZ vom
15.8.1981 sowie im 6. Band der „Frank-
furter Anthologie". Herausgegeben von
Marcel Reich-Ranicki (1920-2013), Insel
Verlag, Frankfurt/Main, 1982:

„Das schönste, das vollkommenste eroti-
sche Gedicht in deutscher Sprache"? Das
fand Marcel Reich-Ranicki in Goethes
„Freudvoll und leidvoll".

„Zwischen Euphorie und Melancholie"

Goethes Worte – es sind insgesamt nicht
mehr als 23 – beschreiben einen Gemütszu-
stand von außergewöhnlicher Labilität. Ihn
charakterisieren extreme Schwankungen –
zwischen „freudvoll" und „leidvoll" bis hin

zu dem Gegensatz von höchstem Lebensgefühl und tiefster Niedergeschlagenheit, wenn nicht Verzweiflung. Bezieht sich die Formulierung „Himmelhoch jauchzend, zum Tode betrübt" auf jemanden, der an einer psychischen Krankheit leidet? Wollte Goethe das Bild eines manisch-depressiven Menschen skizzieren? Nicht unbedingt. Wir haben es jedoch mit einem insofern krankhaften oder zumindest scheinbar krankhaften Fall zu tun, als die raschen und heftigen Schwankungen zwischen Euphorie und Melancholie, von denen hier die Rede ist, keinen rationalen Grund haben. Gleichwohl wird, was sie auslöst, deutlich benannt - allerdings erst mit dem letzten Wort des Gedichts: Es geht um die Liebe."

Liederzyklus
nach Gedichten von Heinrich Heine
13.12.1797 Düsseldorf -
17.2.1856 Paris

„Liebesleid und Liebesglück"

Heine war einer der bedeutendsten deutschen Dichter, Schriftsteller und Journalisten des 19. Jahrhunderts. Die meisten der hier aufgeführten Texte sind dem Buch der Lieder von Heinrich Heine entnommen (Melzer Verlag Neu-Isenburg; Lizenzausgabe bei Parragon Books Ltd, Queen Street House, 4 Queen Street, Bath BA1 1HE, K). Das Vorwort zu einer neuen Auflage im Jahre 1837 beendet Heine mit dem Vers aus dem Märchenstück „Der Bauer als Millionär (Musik Ferdinand Raimund):

„Und scheint die Sonne noch so schön,
am Ende muss sie untergehn!"

In seinem Gedicht „Das Fräulein
stand am Meere" sagte er aber auch
tröstend:

> Mein Fräulein! Sein sie munter.
> Das ist ein altes Stück.
>
> Hier vorne geht sie unter,
> und kehrt von hinten zurück.

Als Musikkritiker hatte er Begegnun-
gen mit den führenden Komponisten
seiner Zeit (Mendelssohn, Meyerbeer,
Wagner, Chopin, Liszt, Berlioz).

Literatur:

Heinrich Heine, Reclam, 1987,
ISBN: 3379000647.

Zwischen Ironie und Sentiment, Heinrich
Heine im Kunstlied des 19. Jahrhunderts
2006 ISBN : 978-3-476-02149-6

Verzeichnis der Gedichte

1 Leise zieht durch mein Gemüt

Leise zieht durch mein Gemüt
liebliches Geläute.
Klinge, kleines Frühlingslied.
Kling hinaus ins Weite.
Kling hinaus bis an das Haus,
wo die Veilchen sprießen!
Wenn du eine Rose schaust,
Sag, ich lass sie grüßen.
Sprich zum Vöglein, das da singt
auf dem schwanken Zweige,
und das Bächlein, das da klingt
dass mir keines schweige!
Schalle, Lied, wo's grünt und
blüht hold im Abendscheine,
wieg in süßen Schlummer dann,
Röschen, das ich meine!

2 Im wunderschönen Monat Mai

Im wunderschönen Monat Mai,
als alle Knospen sprangen,
da ist in meinem Herzen
die Liebe aufgegangen.

Im wunderschönen Monat Mai,
als alle Vögel sangen,
da hab ich ihr gestanden
mein Sehnen und Verlangen.

3 Ich wollte, meine Lieder, das wären Blümelein

Ich wollte, meine Lieder
das wären Blümelein.

Ich schickte sie zu riechen
der Herzallerliebsten mein.

Ich wollte, meine Lieder
das wären Küsse fein.

Ich schickt sie heimlich
alle nach Liebchens Wängelein.

Ich wollte, meine Lieder
das wären Erbsen klein.

Ich kocht eine Erbsensuppe.
Die sollte köstlich sein.

4 Du bist wie eine Blume

Du bist wie eine Blume,
so hold und schön und rein.
Ich schau dich an, und Wehmut
schleicht mir ins Herz hinein.
Mir ist, als ob ich die Hände
aufs Haupt dir legen sollt,
betend, dass Gott dich erhalte,
so rein und schön und hold.

5 Meiner Liebe Flammen

Ich hab dich geliebt,
und liebe dich noch.
Und fiele die Welt zusammen,
aus ihren Trümmern
stiegen doch hervor
meiner Liebe Flammen.

6 Die weiße Blume

In Vaters Garten heimlich
steht ein Blümchen
traurig und bleich.
Der Winter zieht fort,
der Frühling weht,
bleich Blümchen bleibt
immer so bleich.
Die bleiche Blume schaut
wie eine kranke Braut.
Zu mir bleich Blümchen
leise spricht:
„Lieb Brüderchen, pflücke mich!"
Zu Blümchen sprech ich:
„Das tu ich nicht.
Ich pflücke nimmermehr dich.
Ich such mit Müh und Not,
die Blume purpurrot."
Bleich Blümchen spricht:
„Such hin, such her,
bis an deinen kühlen Tod,
du suchst umsonst,

findst nimmermehr
die Blume purpurrot;
Mich aber pflücken tu,
Ich bin so krank wie du."
So lispelt bleich Blümchen,
und bittet sehr.
Da zag ich, und pflück es schnell.
Und plötzlich blutet mein Herz
nicht mehr.
Mein innres Auge wird hell.
In meine wunde Brust kommt
stille Engellust.

*7 Lehn deine Wang'
an meine Wang'*

Lehn deine Wang'
an meine Wang',
dann fließen die Tränen
zusammen!
Und an mein Herz
drück fest dein Herz,

dann schlagen zusammen
die Flammen!
Und wenn in die große Flamme
fließt der Strom
von unsern Tränen,
und wenn dich mein Arm
gewaltig umschließt -
sterb ich vor Liebessehnen!

8 Ein Jüngling liebt ein Mädchen

Ein Jüngling liebt ein Mädchen.
Die hat einen andern erwählt.
Der andre liebt eine andre,
und hat sich mit dieser vermählt.
Das Mädchen heiratet aus Ärger
den ersten besten Mann,
der ihr in den Weg gelaufen.
Der Jüngling ist übel dran.
Es ist eine alte Geschichte,
doch bleibt sie immer neu.

Und wem sie just passieret,
dem bricht das Herz entzwei.

9 Alte Rose

Eine Rosenknospe war sie,
für die mein Herze glühte.
Doch sie wuchs, und wunderbar
schoss sie auf in voller Blüte.
Ward die schönste Ros´ im Land.
Und ich wollt die Rose brechen.
Doch sie wusste mich pikant
mit den Dornen fortzustechen.
Jetzt, wo sie verwelkt, zerfetzt
und verklatscht
von Wind und Regen -
Liebster Heinrich bin ich jetzt.
Liebend kommt sie mir entgegen.
Heinrich hinten, Heinrich vorn,
Klingt es jetzt mit süßen Tönen.
Sticht mich jetzt etwa ein Dorn,
Ist es an dem Kinn der Schönen.

Allzu hart die Borsten sind,
Die des Kinnes Wärzchen zieren.
Geh ins Kloster, liebes Kind,
oder lasse dich rasieren.

10 Ich hab im Traum geweinet

Ich hab´ im Traum geweinet.
Mir träumte, du lägest im Grab.
Ich wachte auf, und die Träne
floss noch von der Wange herab.
Ich hab im Traum geweinet.
Mir träumt', du verließest mich.
Ich wachte auf, und ich weinte

noch lange bitterlich.
Ich hab´ im Traum geweinet.
Mir träumte, du bliebest mir gut.
Ich wachte auf, und noch immer
strömt meine Tränenflut.

11 Wenn ich in deine Augen seh

Wenn ich in deine Augen seh´,
so schwindet all
mein Leid und Weh.

Doch wenn ich küsse
deinen Mund, so werd´ ich
ganz und gar gesund.
Wenn ich mich lehn
an deine Brust,
kommt´s über mich
wie Himmelslust;
doch wenn du sprichst:
Ich liebe dich!
So muss ich weinen bitterlich.

12 Die Rose, die Lilie, die Taube, die Sonne

Die Rose, die Lilie, die Taube,
die Sonne,
die liebt ich einst alle
in Liebeswonne.
Ich lieb sie nicht mehr,
ich liebe alleine
die Kleine, die Feine, die Reine,
die eine.
Sie selber, aller Liebe Bronne,
ist Rose und Lilie und Taube und
Sonne.

13 Am leuchtenden Sommermorgen

Am leuchtenden Sommermorgen
geh ich im Garten herum.
Es flüstern und sprechen
die Blumen,
ich aber, ich wandle stumm.
Es flüstern und sprechen
die Blumen,
und schaun mitleidig mich an:
Sei unsrer Schwester nicht böse,
Du trauriger, blasser Mann!

14 Aus meinen Tränen sprießen

Aus meinen Tränen sprießen
viel blühende Blumen hervor,
Und meine Seufzer werden
ein Nachtigallenchor.
Und wenn du mich lieb hast,
Kindchen,
schenk ich dir die Blumen all,
und vor deinem Fenster soll klin-
gen das Lied der Nachtigall.

15 Hör ich das Liedchen klingen

Hör ich das Liedchen klingen,
das einst die Liebste sang,
so will mir die Brust zerspringen
vor wildem Schmerzensdrang.
Es treibt mich ein dunkles Sehnen
hinauf zur Waldeshöh.
Dort löst sich auf in Tränen
mein übergroßes Weh.

16 Ich will meine Seele tauchen

Ich will meine Seele tauchen
in den Kelch der Lilie hinein.
Die Lilie soll klingend hauchen
Ein Lied von der Liebsten mein.
Das Lied soll schauern
und beben
wie der Kuss von ihrem Mund,
den sie mir einst gegeben
in wunderbar süßer Stund.

17 Die Fensterschau

Der bleiche Heinrich ging vorbei,
schön Hedwig lag am Fenster.
Sie sprach halblaut:
Gott steh mir bei,
der unten schaut bleich wie Ge-
spenster!
Der unten erhebt sein Aug
in die Höh, hinschmachtend
nach Hedewigs Fenster.
Schön Hedwig ergriff es
wie Liebesweh.
Auch sie ward bleich
wie Gespenster.
Schön Hedwig stand nun
mit Liebesharm
tagtäglich lauernd am Fenster.
Bald aber lag sie
in Heinrichs Arm,
allnächtlich zur Zeit
der Gespenster.

18 Es schauen die Blumen alle

Es schauen die Blumen alle
zur leuchtenden Sonne hinauf.
Es nehmen die Ströme alle
zum leuchtenden Meere den Lauf.
Es flattern die Lieder alle
zu meinem leuchtenden Lieb.
Nehmt mit meine Tränen
und Seufzer,
ihr Lieder, wehmütig und trüb!

19 Wer zum ersten Male liebt

Wer zum ersten Male liebt,
sei´s auch glücklos, ist ein Gott.
Aber wer zum zweiten Male
glücklos liebt, der ist ein Narr.

Ich, ein solcher Narr, ich liebe
wieder ohne Gegenliebe.
Sonne, Mond und Sterne lachen,
und ich lache mit – und sterbe.

20 Herz sei nicht beklommen

Herz, mein Herz,
sei nicht beklommen,
und ertrage dein Geschick.
Neuer Frühling gibt zurück,
was der Winter dir genommen.
Und wie viel ist dir geblieben!
Und wie schön ist noch die Welt!
Und, mein Herz, was dir gefällt,
Alles, alles darfst du lieben!

21 Es fällt ein Stern herunter

Es fällt ein Stern herunter
aus seiner funkelnden Höh!
Das ist der Stern der Liebe,
den ich dort fallen seh.
Es fallen vom Apfelbaume
der Blüten und Blätter viel!
Es kommen die neckenden Lüfte,
und treiben damit ihr Spiel.
Es singt der Schwan im Weiher,
und rudert auf und ab,
und immer leiser singend,
taucht er ins Flutengrab.
Es ist so still und dunkel!

Verweht ist Blatt und Blüt.
Der Stern ist knisternd zerstoben,
verklungen das Schwanenlied.

22 Das Fräulein stand am Meere

Das Fräulein stand am Meere
und seufzte lang und bang.
Es rührte sie so sehre
Der Sonnenuntergang.
Mein Fräulein! Sein Sie munter.
Das ist ein altes Stück.
Hier vorne geht sie unter
Und kehrt von hinten zurück.

23 Der Schmetterling ist in die Rose verliebt

Der Schmetterling ist
in die Rose verliebt,
umflattert sie tausendmal.
Ihn selber aber, goldig zart,
umflattert der liebende

Sonnenstrahl.
Jedoch, in wen
ist die Rose verliebt?
Das wüsst ich gar zu gern.
Ist es die singende Nachtigall?
Ist es
der schweigende Abendstern?
Ich weiß nicht,
in wen die Rose verliebt.
Ich aber lieb euch alle.
Rose, Schmetterling,
Sonnenstrahl,
Abendstern und Nachtigall.

24 Anfangs
wollt ich fast verzagen

Anfangs wollt ich fast verzagen,
und ich glaubt, ich trüg es nie;
Und ich hab es doch getragen.
Aber fragt mich nur nicht, wie?

25 Und wüsstens die Blumen, die kleinen

Und wüsstens die Blumen,
die kleinen,
wie tief verwundet mein Herz,
sie würden mit mir weinen,
zu heilen meinen Schmerz.
Und wüsstens die Nachtigallen,
wie ich so traurig und krank,
sie ließen fröhlich erschallen
erquickenden Gesang.
Und wüssten sie mein Wehe,
die goldnen Sternelein,
sie kämen aus ihrer Höhe,
und sprächen Trost mir ein.
Die alle können's nicht wissen.
Nur Eine kennt meinen Schmerz.
Sie hat ja selbst zerrissen,
zerrissen mir das Herz.

26 Dass du mich liebst, das wusst ich

Dass du mich liebst,
das wusst ich.
Ich hatt es längst entdeckt;
doch als du mir 's gestanden,
hat es mich tief erschreckt.
Ich stieg wohl auf die Berge
und jubelte und sang.
Ich ging an 's Meer und weinte
beim Sonnenuntergang.
Mein Herz ist wie die Sonne
so flammend anzuseh 'n,
Und in ein Meer von Liebe
Versinkt es groß und schön.

27 Allnächtlich im Traume seh ich dich

Allnächtlich im Traume
seh ich dich,
und sehe dich freundlich grüßen.
Und lautaufweinend
stürz ich mich
zu deinen süßen Füßen.

Du siehst mich an wehmütiglich,
und schüttelst das blonde
Köpfchen.
Aus deinen Augen schleichen sich
die Perlentränentröpfchen.
Du sagst mir heimlich
ein leises Wort,
und gibst mir den Strauß von
Zypressen.
Ich wache auf,
und der Strauß ist fort,
und das Wort hab ich vergessen.

28 Ich halte ihr die Augen zu

Ich halte ihr die Augen zu
und küss sie auf den Mund.
Nun lässt sie mich
nicht mehr in Ruh,
sie fragt mich um den Grund,
von Abend spät
bis morgens früh.
Sie fragt zu jeder Stund:

Was hältst du mir die Augen zu,
wenn du mir küsst den Mund?
Ich sag ihr nicht, weshalb ich´s tu,
weiss selber nicht den Grund.
Ich halte ihr die Augen zu
und küss ihr auf den Mund.

29 Mit deinen blauen Augen

Mit deinen blauen Augen
siehst du mich lieblich an.
Da wird mir so träumend zu
Sinne,
dass ich nicht sprechen kann.
An deine blauen Augen
gedenk ich allerwärts.
 Ein Meer von blauen Gedanken
Ergießt sich über mein Herz.

30 Morgens send ich dir die Veilchen

Morgens send ich dir
die Veilchen,
die ich früh im Wald gefunden.
Und des Abends
bring ich Rosen,
die ich brach
in Dämmrungstunden.
Weisst du,
was die hübschen Blumen
dir Verblümtes sagen möchten?
Treu sein sollst du mir am Tage
Und mich lieben in den Nächten.

31 Im Rhein, im heiligen Strome

Im Rhein, im heiligen Strome,
da spiegelt sich in den Well´n
mit seinem großen Dome das
große heilige Köln.
Es schweben Blumen und Englein
um unsre Liebe Frau.

Die Augen, die Lippen,
die Wänglein, die gleichen
der Liebsten genau.

32 Ich grolle nicht

Ich grolle nicht, und wenn das
Herz auch bricht.
Ewig verlornes Lieb!
Ich grolle nicht.
Wie du auch strahlst
in Diamantenpracht,
Es fällt kein Strahl
in deines Herzens Nacht.
Das weiß ich längst.
Ich sah dich ja im Traum,
und sah die Nacht
in deines Herzens Raum.
Und sah die Schlang,
die dir am Herzen frisst.
Ich sah, mein Lieb,
wie sehr du elend bist.

33 Das ist ein Flöten und Geigen

Das ist ein Flöten und Geigen,
Trompeten schmettern drein;
da tanzt den Hochzeitreigen
die Herzallerliebste mein.
Das ist ein Klingen und Dröhnen,
von Pauken und Schalmein.
Dazwischen schluchzen und
stöhnen die guten Engelein.

34 Die alten, bösen Lieder

Die Träume schlimm und arg,
die lasst uns jetzt begraben.
Holt einen großen Sarg.
Hinein leg ich gar manches,
doch sag ich noch nicht was.
Der Sarg muss sein noch größer
wie 's Heidelberger Fass.
Und holt eine Totenbahre,
von Brettern fest und dick.
Auch muss sie sein noch länger,

als wie zu Mainz die Brück'.
Und holt mir auch zwölf Riesen,
die müssen noch stärker sein
als wie der heil'ge Christoph
im Dom zu Köln am Rhein.
Die sollen den Sarg forttragen
und senken ins Meer hinab,
denn solchem großen Sarge
gebührt ein großes Grab.
Wisst ihr,
warum der Sarg wohl so groß
und schwer mag sein?
Ich legt auch meine Liebe und
meinen Schmerz hinein.

35 Aus alten Märchen winkt es

Aus alten Märchen winkt es
hervor mit weißer Hand.
Da singt es und da klingt es
von einem Zauberland:
Wo bunte Blumen schmachten
im goldnen Abendlicht',

Und lieblich duftend glühen
mit bräutlichem Gesicht;
Und grüne Bäume singen
uralte Melodein,
die Lüfte heimlich klingen, und
Vögel schmettern drein;
Und Nebelbilder steigen
wohl aus der Erd hervor,
Und tanzen luft'gen Reigen,
im wunderlichen Chor;
Und blaue Funken brennen
an jedem Blatt und Reis,
Und rote Lichter rennen
im irren, wirren Kreis;
Und laute Quellen brechen
aus wildem Marmorstein,
Und seltsam in den Bächen
strahlt fort der Widerschein.
Ach! Könnt ich dorthin kommen,
und dort mein Herz erfreu' n,
und aller Qual entnommen,
und frei und selig sein!

Ach! Jenes Land der Wonnen,
das seh' ich oft im Traum,
doch kommt die Morgensonne
zerfließt' s wie eitel Schaum.

36 Morgens steh ich auf und frage

Morgens steh ich auf und frage:
Kommt feins Liebchen heut?
Abends sink' ich hin und klage:
Ausblieb sie auch heut.
In der Nacht mit meinem Kummer
lieg ich schlaflos wach.
Träumend, wie im halben Schlum-
mer, wandle ich bei Tag.

37 Frühling

Die blauen Frühlingsaugen
schaun aus dem Gras hervor.
Das sind die lieben Veilchen,
die ich zum Strauß erkor.

Ich pflücke sie und denke,
und die Gedanken all,
die mir im Herzen seufzen,
singt laut die Nachtigall.
Ja, was ich denke,
singt sie lautschmetternd,
dass es schallt.
Mein zärtliches Geheimnis
weiss schon der ganze Wald.

38 Sommer

Es liegt der heiße Sommer
auf deinen Wängelein.
Es liegt der Winter, der kalte,
in deinem Herzchen klein.
Das wird sich bei dir ändern,
du Vielgeliebte mein.
Der Winter wird auf den Wangen,
der Sommer im Herzen sein.

39 Der Brief, den du geschrieben

Der Brief, den du geschrieben,
er macht mich gar nicht bang;
Du willst mich nicht mehr lieben,
Aber dein Brief ist lang.
Zwölf Seiten, eng und zierlich!
Ein kleines Manuskript!
Man schreibt nicht so ausführlich,
wenn man den Abschied gibt.

40 Das Meer erglänzte

Das Meer erglänzte weit hinaus
im letzten Abendscheine.
Wir saßen am einsamen
Fischerhaus.
Wir saßen stumm und alleine.
Der Nebel stieg,
das Wasser schwoll.
Die Möwe flog hin und wieder.
Aus deinen Augen, liebevoll,
fielen die Tränen nieder.

Ich sah sie fallen auf deine Hand,
und bin aufs Knie gesunken.
Ich hab von deiner weißen Hand
die Tränen fortgetrunken.
Seit jener Stunde
verzehrt sich mein Leib.
Die Seele stirbt vor Sehnen.
Mich hat das unglückselge Weib
vergiftet mit ihren Tränen.

41 Mir träumte

Mir träumte:
Traurig schaute der Mond und
traurig schienen die Sterne.
Es trug mich zur Stadt,
wo Liebchen wohnt
viel hundert Meilen fern.
Es hat mich
zu ihrem Haus geführt.
Ich küsste die Steine der Treppe,
die oft ihr kleiner Fuß berührt
und ihres Kleides Schleppe.

Die Nacht war lang,
die Nacht war kalt.
Es waren so kalt die Steine.
Es lugt aus dem Fenster die
blasse Gestalt,
beleuchtet vom Mondenscheine.

Liederzyklus
nach Gedichten von
Hermann Hesse
2. 7.1877 Calw - 9.8.1962 Montagnola

„Jedem Anfang

wohnt ein Zauber inne"

Herrmann Hesse publizierte etwa 1400 Gedichte. Davon habe ich 61 ausgesucht und vertont. Als Quelle diente mir u.a. der Gedichtband „Herrmann Hesse, Die Gedichte" (Insel Taschenbuch, 848 Seiten). Meine Auswahl erfolgte willkürlich und in verschieden langen Intervallen.

Einschätzung seiner Gedichte

Wie andere Autoren Hesses Gedichte einschätzen, geben folgende **Zitate** wieder [https://hhesse.de/gedichte/]:

„Hesses Gedichte sind Gedanken und Stimmung zugleich; man könnte sie eine gedankliche Stimmungslyrik nennen. In den Anfängen bleibt der Blick nach innen, in die Abgründe des Individuums gerichtet, später richtet er sich auf die Geschichte, auf das Leben in übergreifenden Zusammenhängen. (Hans Gerd Rötzer, Geschichte der deutschen Literatur, C.C. Buchners Verlag, s. 296)

„Hesses Lyrik durchlebt volksliedhafte Innigkeit und einsam verträumte Schwermut. Oft bindet sich erfahrene Weisheit zu Bekenntnis und Spruch. Die symbolische Sprache des Erlebnisgedichts, die Form der reflektierenden lyrischen Meditation weisen auf klassisch-romantische Tradition zurück."

(Fritz Martini, Deutsche Literatur-geschichte, Alfred Körner Verlag, S. 530.).

Zitate aus dem Nachwort zu „**Herrmann Hesse. Die Gedichte (Insel Taschenbuch)**, von Volker Michels:

- Die melodische Liedhaftigkeit seiner Sprache vermittelt zeitlose Inhalte.
- „Lyrik schreibt man für sich selbst und ohne an Leser zu denken" (Hesse, Brief, April 1902). „Einen Roman aber kann man nur schreiben, wenn man sich einigermaßen die Kreise, zu denen man redet, vorstellt, und sich darüber klar ist, mit welchen Mitteln man auf sie wirken kann."
- In einem Aufsatz über Lyrik (1918): Das Gedicht ist in seinem Entstehen nach eine Entladung, ein Ruf, ein Schrei, ein Seufzer, eine Gebärde, eine Reaktion der erlebenden Seele,

mit der sie sich einer Wallung, eines Erlebnisses zu erwehren oder ihrer bewusst zu werden sucht.

- Verse sind für ihn Tanzschritte der Seele, Wunschbilder und Zauberformeln mit Heilkraft.
- Ungefähr 1400 Gedichte hat er in sechs Jahrzehnten geschrieben. Gemeinsam ist den Versen ein Bedürfnis, die hinter den Dissonanzen des Alltags verborgenen Muster und Ordnungen aufzuspüren, sie festzuhalten, um damit ihrer Überflutung und Auslöschung durch immer neue Reize und Sensationen entgegen zu wirken.
- Wie bei Hesses bildnerischen Versuchen das Aquarell, so war beim Schreiben für ihn das Gedicht die Technik, die es ihm erlaubte, am spontansten wiederzugeben, was ihm jeweils bewegte.
- In liedhafter Form nehmen Hesses Gedichte leitmotivisch vorweg, was

dann in seiner Prosa vielstimmiger instrumentiert wird.

- Das in der Regel völlig ungezwungene, die Spontaneität der Entstehung von Hesses Gedichten kann man besonders gut an ihren ersten Zeilen ablesen. Meist sind es einfache sinnliche Wahrnehmungen, an denen sich sein Ausdruckstrieb entzündet. Lyrik ist für Hesse Verwandlung des Einmaligen ins Gleichnis des Ewigen.

Hesse und die Musik

Auszüge/Zitate aus: Katalog „Hermann Hesse und die Musik." Eine Ausstellung zum 100. Geburtstag des Dichters vom 9. November 1977 bis 31. Jänner 1978. Musiksammlung der Österreichischen Nationalbibliothek, Wien 1977; S. 7-21:

- In die pietistische, auf Verinnerlichung dringende Grundhaltung der Eltern Hesses fügte sich das tägliche Musizieren organisch ein. Das Singen deutscher Choräle, die Vater Johannes auf dem Harmonium begleitete, bildeten die ersten musikalischen Eindrücke des Knaben.

- Hermann Hesse erhielt zu seinem neunten Geburtstag eine Geige. Das innig geliebte Instrument begleitete ihn viele Jahre hindurch, und seine Melodien bedeuteten ihm Zuflucht und innere Heimat in den Wirren der beginnenden Adoleszenz.

- Hesse entfaltete in jenen Jahren eine Vorliebe für die romantische Musik. Schubert, Schumann, Chopin, Loewe, Wagner und Hugo Wolf, dem er 1894 noch persönlich begegnete, standen im Zentrum seiner musikalischen Erfahrungen.

- Chopin wurde für Jahre sein Lieblingsmusiker, die „traurig-süßen Melodien" einiger Walzer, Mazurken, Préludes hatte schon der Knabe auswendig gekannt.
- Diese Beziehungen zu vielen Musikern seiner Zeit gehörte, wie Hesse betonte, unentbehrlich zu seinem musikalischen Leben.
- 1913 stellte Hesse fest, dass die Musik für ihn die einzige Kunst wäre, die ihm unentbehrlich erschiene, was er von keiner anderen Kunst behaupten könnte. Er bräuchte stets Musik um und in sich und halte das unmittelbare Gefühl des musikalischen Mitschwingens für das einzig Erstrebenswerte.
- Die Musik wäre die einzige große Helferin und Trösterin in hoffnungslosen Situationen des menschlichen Lebens. 1915 pries

er die Musik mit folgenden Worten: „Was wäre unser Leben ohne Musik! Es brauchen ja gar nicht Konzerte zu sein." Der Dichter hob sogar die Vorzüge eines unmittelbaren, laienhaften Verhältnisses zur Musik hervor.

- Die adäquate Aufnahme des Musikalischen sei Sache der sinnlichen Sensibilität, des seelischen Umfangs und nicht so sehr Angelegenheit der Bildung. Während sich der Kenner und Fachmann über gewisse technische Unzulänglichkeiten einer Aufführung ereifere, bleibe dem Laien das Glück des tiefen Genusses erhalten.

- Bei kaum einem anderen Dichter übte die innige Beziehung zur Musik so tiefen Einfluss auf die Form des dichterischen Schaffens aus wie bei Hesse.

- Die unverwechselbare Sprachmelodie der Gedichte und der Prosawerke Hesses offenbart, wie intensiv er das Dichten in deutscher Sprache als Musik empfand, wie er mit Worten, Satzgestaltungen und Motiven musizierte, wie die Musik nicht nur Objekt, sondern vor allem Subjekt seiner Lyrik und Prosa war.

- Unter den vielen Komponisten, welche sich in weiterer Folge Verse Hesses zur poetischen Basis eigener Tonschöpfungen nahmen, seien nur die folgenden genannt: Volkmar Andreae, Othmar Schoeck, Justus Hermann Wetzel, welche mit Hesse in freundschaftlicher Verbindung standen, Gottfried von Einem, Hans Gál, Paul Graener, Alexander Jemnitz, Egon Kornauth, Robert Leukauf, Mark Lothar, Joseph Marx, Philipp Mohler, Casimir von Pászthory, Josef

Rinaldini, Otto Siegl und Richard
Strauss.

Anmerkung:

*Der Suhrkampverlag besitzt noch bis 2032
das Urheberrecht für die Gedichte Hesses.
Die Gedichte, die ich zur Vertonung aus-
wählte, werden im folgenden aufgelistet.
Die Texte dürfen aber hier leider nicht ab-
gedruckt werden.*

Verzeichnis der Hesse Gedichte

Liederzyklus *nach*
Gedichten von Rainer Maria Rilke
4.12.1875 Prag – 29.12.1926 Montreux

„Du musst das Leben

nicht verstehen"

Rilke und die Musik

„ Rilke war nach eigenem Eingeständnis unmusikalisch. Er hatte zunächst eine Skepsis gegenüber der Musik. Er empfand sie als etwas Verführerisches und Berauschendes. Er lehnte die Kunstgattung Musik ab. Das überrascht bei einem lyrischen Dichter, dessen Verse ein zur Perfektion entwickeltes Gefühl für den Klang der Sprache aufweist. Für ihn gab es jedoch keine Beziehung zwischen lyrischen

Klang seiner Gedichte und die Melodie einer Musik.

Später kam er durch seine Bekanntschaft und Freundschaft mit Musikschaffenden mit Musik in enge Berührung. Allerdings legte er sich eine ihm eigene Metaphysik der Musik zurecht. In Lautschin, Duino und Worpswede wurde viel musiziert. Rilke war vorwiegend ein Augenmensch. Musik und Dichtung gehen für ihn nicht zusammen. Er lehnte die Vertonung des „Cornet" ab, ebenso Oper und Operette. Den Begriff Musik, wie er z.B. in den Duiner Elegien vorkommt, versteht er in einem nicht herkömmlichen, ihm eigenen Sinn. Anders denkt er vom Lied. Das Lied, als "volkstümliche Auslegung des Gedichtes" scheint hier eine Ausnahme zu machen. Es ist ihm in dieser Zeit noch schlechthin alles, auf das sich die Adjektive "schlicht", "schön", "still", "klar", "gerecht gegen Kleines und Grosses" anwenden lassen."

(Zitat aus: Rilke und die Musik, Dissertation von Herbert Deinert, 1959, Yale Universität).

Rilkes Poesie

Rilke ist einer der bedeutendsten Vertreter der literarischen Moderne. „Seine Gedichte und Prosatexte sind voller Tiefe im Wahrnehmen, Fühlen und Denken, die uns mit beeindruckenden Bildern und lebendigen Rhythmen verzaubern, uns sensibilisieren für die Sprache in ihrer Wirkung auf unsere innere Welt, für fremde Lebenswelten und fremdes Sein".

Zitat:

https://www.anja-tropschuh.de/das-leben-nicht-verstehen/

Verzeichnis der Gedichte

1 Liebeslied

Wie soll ich meine Seele halten,
dass sie nicht an deine rührt?
Wie soll ich sie hinheben
zu anderen Dingen?
Ach, gerne möchte ich sie
bei irgendetwas Verlorenem
im Dunkeln unterbringen
an einer fremden stillen Stelle,
die nicht weiterschwingt,
wenn deine Tiefen schwingen.
Doch alles, was anrührt,
dich und mich,
nimmt uns zusammen
wie ein Bogenstrich,
der aus zwei Saiten
eine Stimme zieht.
Auf welches Instrument
sind wir gespannt?
Und welcher Spieler
hat uns in der Hand?
O süßes Lied!

Das Gedicht Liebeslied entstand 1906 auf der Insel Capri. Es wirft die Frage auf, welche höhere Macht über unsere Gefühle bestimmt. Höhen und Tiefen der Liebe werden ausgelotet.

2 Herbsttag

Herr, es ist Zeit.
Der Sommer war sehr groß.
Leg deinen Schatten
auf die Sonnenuhren,
und auf den Fluren
lass die Winde los.
Befiehl den letzten Früchten,
voll zu sein;
gib ihnen noch zwei südlichere Tage,
dränge sie zur Vollendung hin,
und jage die letzte Süße
in den schweren Wein.
Wer jetzt kein Haus hat,
baut sich keines mehr.
Wer jetzt allein ist,
wird es lange bleiben,

wird wachen, lesen,
lange Briefe schreiben
und wird in den Alleen hin und her
unruhig wandern,
wenn die Blätter treiben.

Das Gedicht Herbsttag aus dem Gedicht-
band „Buch und Bilder" entstand 1902 in
Paris. Es ist ein Stimmungsbild des Herbs-
tes, symbolisiert aber auch die Vereinsa-
mung des Menschen. Die Erntezeit im
Herbst weist auf die Vollendung der Natur
hin, im Gegensatz dazu steht der verein-
samte Mensch, der keinen Partner fand.

3 Du musst das Leben nicht verstehen

Du musst das Leben nicht verstehen,
dann wird es werden wie ein Fest.
Und lass dir jeden Tag geschehen
so wie ein Kind im Weitergehen
von jedem Wehen
sich viele Blüten schenken lässt.

Sie aufzusammeln und zu sparen,
das kommt dem Kind
nicht in den Sinn.
Es löst sie leise aus den Haaren,
drin sie so gern gefangen waren,
und hält den lieben jungen Jahren
nach neuen seine Hände hin.

„Du musst das Leben nicht verstehen". Wenn wir lernen, loszulassen, müssen wir das Leben nicht verstehen. Wir nehmen es an mit all seinen Facetten, mit seinen Glücksmomenten und seinen Trauerstunden. Wenn wir es lernen, diese Fülle anzunehmen, dann wird das Leben „werden wie ein Fest". Es wird schön und freudig und wild. Wir fühlen uns lebendig. Doch dieses lebendig-Sein, sich selbst spüren, das gibt es nur im Jetzt. Wir können es nicht aufsammeln oder sparen. Wir können es nur annehmen, es in vollen Zügen genießen, in uns aufnehmen und heiß und leidenschaftlich durch unsere Venen pulsieren lassen. Das ist es, was die Kinder tun und warum wir Erwachsenen manchmal erstaunt sind über ihre Energie. Es ist die Energie, die wir so selten fühlen, weil wir die Verbindung zu *uns selbst verloren haben. Wir bleiben hinter den „du musst", „du sollst", „du bist", „du darfst nicht" [...] zurück. Der Moment, das Jetzt wird zwischen der Sehnsucht nach der Vergangenheit und der Angst vor der Zukunft zerrieben".*

Zitat aus: https://www.anja-tropschuh.de/das-leben-nicht-verstehen/

4 Ich finde dich in allen diesen Dingen

Ich finde dich in allen diesen Dingen,
denen ich gut und wie ein Bruder bin.
Als Samen sonnst du dich
in den geringen
und in den großen
gibst du groß dich hin.
Das ist das wundersame
Spiel der Kräfte,
dass sie so dienend
durch die Dinge gehn:
in Wurzeln wachsend,
schwindend in die Schäfte

und in den Wipfeln
wie ein Auferstehn.

*Aus „Das Stundenbuch". 1905. Aufgewach-
sen im katholischen Österreich hatte sich
Rilke bald von der Kirche abgewandt, war
aber immer auf der Suche nach seinem Gott,
den er begreifen wollte.*

5 Ich lebe mein Leben in wachsenden Ringen

Ich lebe mein Leben
in wachsenden Ringen,
die sich über die Dinge ziehn.
Ich werde den letzten vielleicht
nicht vollbringen,
aber versuchen will ich ihn.
Ich kreise um Gott,
um den uralten Turm,
und ich kreise jahrtausendelang;
und ich weiß noch nicht:
bin ich ein Falke,
ein Sturm oder ein großer Gesang.

Aus dem „Stunden-Buch". Geschrieben 1899. Tiefste Verlorenheit und zugleich tiefste Aufgehobenheit findet sich in diesem Gedicht.

Zitat aus: https://www.drein-blick.com/prosa/2018/08/29/meditation-zu-rilkes-ich-lebe-mein-leben

„Wir leben unser Leben in Schichten und Ablagerungen, wie in Wachstumsringen eines Baumes, wir betreten Stufe um Stufe aufs Neue, und nach jeder vergangenen Sekunde ist das vorherige Sein schon unwiederbringlich Geschichte. So wachsen wir uns durchs Leben, vom ersten Moment nach der Geburt an bis zum letzten Atemzug auf dem Sterbebett. Geworfen sind wir in das Werden und jedes Sein wird in dem Moment, da wir es gewahren und es zu fassen versuchen, zu einem Nicht-mehr-so-Sein, zu einem Verflossenen. "

6 Lösch mir die Augen aus

Lösch mir die Augen aus:
ich kann dich sehn,
wirf mir die Ohren zu:
ich kann dich hören,
und ohne Füße
kann ich zu dir gehen,
und ohne Mund noch
kann ich dich beschwören.
Brich mir die Arme ab,
ich fasse dich mit meinem Herzen
wie mit einer Hand,
halt mir das Herz zu,
und mein Hirn wird schlagen,
und wirfst du in mein Hirn den Brand,
so werd ich dich auf meinem Blute tragen.

7 Ich möchte dir ein Liebes schenken

Ich möchte dir ein Liebes schenken,
das dich mir zur Vertrauten macht:
aus meinem Tag ein Deingedenken

und einen Traum aus meiner Nacht.
Mir ist, dass wir uns selig fänden
und dass du dann wie ein Geschmeid
mir lösest aus den müden Händen
die niebegehrte Zärtlichkeit.

8 Einsamkeit

Die Einsamkeit ist wie ein Regen.
Sie steigt vom Meer
den Abenden entgegen:
von Ebenen,
die fern sind und entlegen,
geht sie zum Himmel,
der sie immer hat.
Und erst vom Himmel fällt sie
auf die Stadt.
Regnet hernieder
in den Zwitterstunden,
wenn sich nach Morgen wenden
alle Gassen
und wenn die Leiber,
welche nichts gefunden,
enttäuscht und traurig

voneinander lassen;
und wenn die Menschen,
die einander hassen,
in einem Bett
zusammen schlafen müssen:
dann geht die Einsamkeit
mit den Flüssen.

*Der Regen als Metapher der Einsamkeit
(Acta Neophilologica, X, 2008, ISSN 0509-
0609, Autor: K.K. Baczynski*

9 Ernste Stunde

Wer jetzt weint irgendwo in der Welt,
ohne Grund weint in der Welt,
weint über mich.
Wer jetzt lacht irgendwo in der Nacht,
ohne Grund lacht in der Nacht,
lacht mich aus.
Wer jetzt geht irgendwo in der Welt,
ohne Grund geht in der Welt,
geht zu mir.
Wer jetzt stirbt irgendwo in der Welt,

ohne Grund stirbt in der Welt:
sieht mich an.

http://rainer-maria-rilke.de/06b023ernste-stunde.html : *Bezieht man das Gedicht auf Rainer Maria Rilkes Biografie, so lässt sich „Ernste Stunde" vor allem mit dem Johannes Evangelium verbinden. Rilke las immer wieder im Johannes Evangelium, dessen zentrales Gebot ist: „Liebe deinen Nächsten wie dich selbst". Rilke setzt das lyrische Ich in die Rolle eines Gottes der nicht eingreift, sondern er lässt alles geschehen, bezieht aber dennoch die Handlungen der Menschen auf sich selbst. Rilke würde sich demnach nach dem Deismus richten. Dieser besagt, dass Gott die Welt und seine Bewohner erschaffen habe, danach aber keinen Einfluss mehr auf die Geschichte und das Handeln gehabt habe. 1900, Berlin Schmargendorf.*

10 Der Panther
Im Jardin des Plantes, Paris

Sein Blick ist
vom Vorübergehn der Stäbe
so müd geworden,
dass er nichts mehr hält.
Ihm ist, als ob es tausend Stäbe gäbe
und hinter tausend Stäben
keine Welt.
Der weiche Gang
geschmeidig starker Schritte,
der sich im allerkleinsten Kreise dreht,
ist wie ein Tanz
von Kraft um eine Mitte,
in der betäubt ein großer Wille steht.
Nur manchmal schiebt
der Vorhang der Pupille
sich lautlos auf -.
Dann geht ein Bild hinein,
geht durch der Glieder
angespannte Stille -
und hört im Herzen auf zu sein.

Der Panther: 1903; aus dem Gedichtzyklus „Neue Gedichte".

Rilke besucht während seine Pariser Aufenthaltes (Er war als Sekretär des Bildhauers Rodin tätig) wiederholt den Zoo im Jardin des Plantes (Pflanzengarten). Der Botanische Garten wurde schon 1626 angelegt. Er ist damit der älteste Bestandteil des Forschungsinstitutes für Naturwissenschaften, Muséum national d'histoire naturelle. Während der Französischen Revolution kam eine Menagerie als zoologische Abteilung hinzu. Die Ménagerie du Jardin des Plantes gilt heute als der älteste wissenschaftlich geleitete Zoo der Welt.

Was er beim Anblick des Panthers sieht und empfindet, beschreibt er in seinem Gedicht Der Panther (1902). Es wird im September 1903 in der Prager kulturellen Monatsschrift Deutsche Arbeit publiziert. Das Gedicht zählt zum Gedichtzyklus Neue Gedichte (1903-1907), den er in Paris und Meudon verfasste. Er besteht aus 37 Gedichten. Das Gedicht wird auch als Metapher für den Alltag des Menschen verstanden. Es spricht des Bedürfnis nach Freiheit aus festgefahrenen Strukturen aus.

Quellen, Internet Portale :

https://lyrik.antikoerperchen.de/rainer-maria-rilke-der-panther,textbearbeitung,7.html

https://www.mein-lernen.at/deutsch/gedicht-der-panther-rainer-maria-rilke

https://www.grin.com/document/126096

11 Mein Leben ist wie leise See

Mein Leben ist wie leise See,
wohnt in den Uferhäusern das Weh,
wagt sich nicht aus den Höfen.
Nur manchmal zittert
ein Nahn und Fliehn:
Aufgestörte Wünsche ziehn
Darüber silberne Möwen
Und dann ist alles wieder still ...
Und weisst du was mein Leben will
Hast du es schon verstanden?
Wie eine Welle im Morgenmeer
Will es rauschend und muschelschwer
An deiner Seele landen.

12 Wenn es nur einmal
so ganz stille wäre

Wenn es nur einmal so ganz stille wäre.
Wenn das Zufällige und Ungefähre
verstummte und das nachbarliche Lachen,
wenn das Geräusch,
das meine Sinne machen,
mich nicht so sehr verhinderte am Wachen
-Dann könnte ich in einem tausendfachen
Gedanken bis an deinen Rand
dich denken
und dich besitzen (nur ein Lächeln lang),
um dich an alles Leben zu verschenken
wie einen Dank.

13 Abschied

Irgendwo blüht die Blume
des Abschieds
und streut immerfort Blütenstaub,
den wir atmen, herüber;
auch noch im kommendsten Wind
atmen wir Abschied.

14 Nennt ihr das Seele

Nennt ihr das Seele,
was so zage zirpt in euch?
Was, wie der Klang
der Narrenschellen,
um Beifall bettelt
und um Würde wirbt,
und endlich arm
ein armes Sterben stirbt
im Weihrauchabend
gotischer Kapellen, -
nennt ihr das Seele?
Schau ich die blaue Nacht,
vom Mai verschneit,
in der die Welten weite Wege reisen,
mir ist: ich trage ein Stück Ewigkeit
in meiner Brust.
Das rüttelt und das schreit
und will hinauf und will mit ihnen
kreisen ...
Und das ist Seele.

15 Ich fürchte mich so
    vor der Menschen Wort

Ich fürchte mich so
vor der Menschen Wort.
Sie sprechen alles so deutlich aus.
Und dieses heisst Hund und
jenes heisst Haus
und hier ist Beginn und
das Ende dort.

Mich bangt auch ihr Sinn,
ihr Spiel mit dem Spott.
Sie wissen alles, was wird und war;
kein Berg ist ihnen mehr wunderbar.
Ihr Garten und Gut
grenzt gar an Gott.
Ich will immer warnen und wehren;
bleibt fern.
Die Dinge hör ich so gern,
ihr rührt sie an:
sie sind starr und stumm.
ihr bringt mir alle die Dinge um.

*1899 verfasst. Es thematisiert die von ei-
nem lyrischem Ich wahrgenommene Hal-
tung der Menschen gegenüber dem Wun-
derbaren und Übersinnlichen.*

16 Wie mag die Liebe dir kommen sein?

Und wie mag die Liebe
dir kommen sein?
Kam sie wie ein Sonnenschein,
ein Blütenschnein,
kam sie wie ein Beten? Erzähle.
Ein Glück löste leuchtend aus Him-
meln sich los und hing mit gefalteten
Schwingen groß
an meiner blühenden Seele.
Das war der Tag
der weißen Chrysanthemen,
mir bangte fast vor seiner
schweren Pracht.
Und dann, dann kamst du
mir die Seele nehmen

tief in der Nacht.
Mir war so bang, und
du kamst lieb und leise,
ich hatte grad im Traum
an dich gedacht,
du kamst, und leise
wie eine Märchenweise
erklang die Nacht.

17 Ich ließ meinen Engel lange nicht los

Ich ließ meinen Engel lange nicht los
und er verarmte in meinen Armen
und wurde klein, und ich wurde groß:
und auf einmal war ich das Erbarmen,
und er eine zitternde Bitte bloß.
Da hab ich ihm seinen Himmel gegeben, -
und er ließ mir das Nahe,
daraus er entschwand;
er lernte das Schweben,
ich lernte das Leben,
und wir haben langsam einander erkannt.

Seit mein Engel nicht mehr bewacht,
kann er frei seine Flügel entfalten
und die Stille der Sterne durchspalten,
denn er muss meiner einsamen Nacht
nicht mehr ängstlich Hände halten –
seit mich mein Engel
nicht mehr bewacht."

*Frühe Gedichte (Engellieder). Siehe
auch Duineser Elegien*

18 Bis wohin reicht mein Leben

Das ist mein Fenster.
Eben bin ich so sanft erwacht.
Ich dachte, ich würde schweben.
Bis wohin reicht mein Leben,
und wo beginnt die Nacht?
Ich könnte meinen, alles
wäre noch Ich ringsum;
durchsichtig wie eines Kristalles
Tiefe, verdunkelt, stumm.
Ich könnte auch noch die Sterne
fassen in mir, so groß

scheint mir mein Herz; so gerne
ließ es ihn wieder los
den ich vielleicht zu lieben,
vielleicht zu halten begann.
Fremd, wie niebeschrieben
sieht mich mein Schicksal an.
Was bin ich unter diese
Unendlichkeit gelegt,
duftend wie eine Wiese,
hin und her bewegt,
rufend zugleich und bange,
dass einer den Ruf vernimmt,
und zum Untergange
in einem Andern bestimmt.

19 Ich bin zu Hause zwischen Tag und Traum

Ich bin zu Hause
zwischen Tag und Traum.
Dort wo die Kinder schläfern,
heiß vom Hetzen,
dort wo die Alten

sich zu Abend setzen,
und Herde glühn
und hellen ihren Raum.
Ich bin zu Hause
zwischen Tag und Traum.
Dort wo die Abendglocken
klar verlangen und Mädchen,
vom Verhallenden befangen,
sich müde stützen
auf den Brunnensaum.
Und eine Linde
ist mein Lieblingsbaum;
und alle Sommer,
welche in ihr schweigen,
rühren sich wieder
in den tausend Zweigen
und wachen wieder
zwischen Tag und Traum.

20 Alles ist Eins

Einmal, am Rande des Hains,
stehn wir einsam beisammen
und sind festlich,
wie Flammen fühlen:
Alles ist Eins.
Halten uns fest umfasst;
werden im lauschenden Lande
durch die weichen Gewande
wachsen wie Ast an Ast.
Wiegt ein erwachender Hauch
die Dolden des Oleanders:
sieh, wir sind nicht mehr anders,
und wir wiegen uns auch.
Meine Seele spürt,
dass wir am Tore tasten.
Und sie fragt dich im Rasten:
Hast Du mich hergeführt?
Und du lächelst darauf
so herrlich und heiter und:
bald wandern wir weiter:
Tore gehn auf.
Und wir sind nicht mehr zag,

unser Weg wird kein Weh sein,
wird eine lange Allee sein
aus dem vergangenen Tag.

Aus: Dir zur Feier (1897/98)

21 Nenn ich dich Aufgang oder Untergang

Nenn ich dich Aufgang
oder Untergang?
Denn manchmal bin ich
vor dem Morgen bang
und greife scheu nach
seiner Rosen Röte -
und ahne eine Angst in seiner Flöte
vor Tagen, welche liedlos sind
und lang.
Aber die Abende sind mild und mein,
von meinem Schauen sind sie
still beschienen;
in meinen Armen
schlafen Wälder ein, -

und ich bin selbst
das Klingen über ihnen,
und mit dem Dunkel in den Violinen
verwandt durch all mein Dunkelsein.

2.2.1898 Berlin

Liederzyklus *nach Gedichten aus der Zeit der*

Romantik und danach

„Mondnacht"

Definition des Romantischen nach Novalis: „Indem ich dem Gemeinen einen hohen Sinn, den Gewöhnlichen ein geheimnisvolles Ansehn, dem Bekannten die Würde des Unbekannten, dem Endlichen einen unendlichen Schein gebe, so romantisiere ich."

Die Epoche der Romantik begann gegen Ende des 18. Jahrhunderts und dauerte in der Literatur bis etwa zur Mitte des 19. Jahrhunderts. Der Begriff stammt vom alt-französischen "romanz, roman" ab (Dichtung; romanhaftes Erzählen; phantastische, erfundene Geschichen).

Der moderne Romantikbegriff wurde von Friedrich Schlegel (10.3.1772-12.1.1829) geprägt.

Die Betonung des Individuums, die Wertschätzung subjektiver Gefühlswelten, und eine ästhetische Vorliebe für das Dunkle und Geheimnisvolle sind einige der Merkmale der Romantik. Die individuellen Gefühle der Menschen mit ihren Höhen und Tiefen, das Unnennbare, Geheimnisvolle, traten in den Vordergrund.

Ob man alle hier aufgeführten Gedichte der Romantik zugehörig einstufen darf oder ob sie einer anderen Epoche zugeschrieben werden sollten, ist hier nicht bedeutsam. Sie sollen gefallen, unter welcher Kategorie auch immer.

Autoren-/innen - Verzeichnis

Brentano Clemens
9.9.1778 Ehrenbreitstein – 28.7.1842
Aschaffenburg. Mit Achim von Arnim Haupt-
vertreter der Heidelberger Romantik

Claudius Matthias
15.9.1740 Reinfeld - 21.1.1815 Hamburg,
Dichter, Journalist

Droste-Hülshoff Annette
12.1.1797 Burg Hülshoff – 24.5.1848 Burg
Meersburg. Schriftstellerin und Komponistin

Ebner Eschenbach Marie von
13.9.1830 Schloss Zdislawitz – 12.3.1916
Wien

Eichendorff Joseph von
10.3.1788 Schloss Lubowitz – 26.11.1857
Neisse. Lyriker, Schriftsteller, Prosadichter.
5000 Vertonungen!

Fried Erich 6.5.1921 Wien – 22.11.1988
Baden-Baden. Dichter, Schriftsteller, Essayist,
Kommentator

Goethe Wolfgang Maximilian Freiherr von
18.9.1820 Weimar – 20.1.1883 Leipzig;

Jurist, Legationsrat.Enkel des Dichters Johann Wolfgang von Goethe.

Hebbel Christian Friedrich
18.3.1813 Wesselburen – 13.12.18969
Wien, Dramatiker

Hölderlin Friedrich 20.3.1770 Lauffen -
7.6.1843 Tübingen

Möricke Eduard Friedrich
8.9.1804 Ludwigsburg – 4.6.1875 Stuttgart
Lyriker, Erzähler, Pfarrer

Rückert Friedrich Johann Michael
16.5.1788 Schweinfurt – 31.1.1866 Neuses
Dichter, Sprachgelehrter, Mitbegründer der
deutschen Orientalistik

Schober Franz Adolf Friedrich von
17.3.1796 Schloss Torup bei Malmö -
17.5.1796 Dresden; Österreichischer Dichter, Librettist, Lithograph; Schauspieler, Legationsrat

Storm Hans Theodor Woldsen   14.9.1817
Husum – 4.7.1888 Hanerau; Lyrik, Prosa;
Novellen; Jurist

Uhland Johann Ludwig „Louis"
26.4.1787 Tübingen – 13.11.1862 Tübingen, Dichter, Literaturwissenschaftler, Jurist, Politiker

Aus des Knaben Wunderhorn
Sammlung von Volksliedtexten (1805-1808)
Herausgeber Clemens Brentano und Achim von Arnim

Verzeichnis der Gedichte

1 Clemens Brentano, Wiegenlied

Singet leise, leise, leise,
singt ein flüsternd Wiegenlied.
Von dem Monde lernt die Weise,
der so still am Himmel zieht.
Singt ein Lied so süß gelinde,
wie die Quellen auf den Kieseln,
wie die Bienen um die Linde
summen, murmeln, flüstern, rieseln.

2 Matthias Claudius, Abendlied

Der Mond ist aufgegangen,
Die goldnen Sternlein prangen
am Himmel hell und klar.
Der Wald steht schwarz
und schweiget,
Und aus den Wiesen steiget
der weiße Nebel wunderbar.
Wie ist die Welt so stille,
und in der Dämmrung Hülle
so traulich und so hold!
Als eine stille Kammer,

wo ihr des Tages Jammer
verschlafen und vergessen sollt.
Seht ihr den Mond dort stehen?
Er ist nur halb zu sehen,
und ist doch rund und schön!
So sind wohl manche Sachen,
die wir getrost belachen,
weil unsre Augen sie nicht sehn.
Wir stolze Menschenkinder
sind eitel arme Sünder
und wissen gar nicht viel.
Wir spinnen Luftgespinste
und suchen viele Künste
und kommen weiter von dem Ziel.
Gott, lass uns dein Heil schauen,
auf nichts Vergänglichs trauen,
nicht Eitelkeit uns freun!
Lass uns einfältig werden
und vor dir hier auf Erden
wie Kinder fromm und fröhlich sein!
Wollst endlich sonder Grämen
aus dieser Welt uns nehmen

durch einen sanften Tod!
Und, wenn du uns genommen,
Lass uns in Himmel kommen,
Du unser Herr und unser Gott!
So legt euch denn, ihr Brüder,
In Gottes Namen nieder.
Kalt ist der Abendhauch.
Verschon uns, Gott! mit Strafen,
Und lass uns ruhig schlafen!
Und unsern kranken Nachbar auch!

3 Matthias Claudius,
Täglich zu singen

Ich danke Gott und freue mich
wie's Kind zur Weihnachtsgabe,
dass ich hier bin! Und dass ich dich
schön menschlich Antlitz habe.
Dass ich die Sonne, Berg und Meer,
und Laub und Gras kann sehen
und abends unterm Sternenheer
und lieben Monde gehen.

Gott gebe mir nur jeden Tag.
So viel ich darf zum Leben,
Er gibt's dem Sperling auf dem Dach.
Wie sollt' er's mir nicht geben!

4 Matthias Claudius, Die Liebe
Die Liebe hemmet nichts;
sie kennt nicht Tür noch Riegel,
und dringt durch alles sich;
Sie ist ohn Anbeginn,
schlug ewig ihre Flügel,
und schlägt sie ewiglich.

5 Annette Droste-Hülshoff,
Herzlich

All meine Rede und jegliches Wort
und jeder Druck meiner Hände.
Und meiner Augen
kosender Blick,
und alles, was ich geschrieben:

Das ist kein Hauch und
ist keine Luft,
und ist kein Zucken der Finger,
das ist meines Herzens
flammendes Blut,
das dringt hervor durch
tausend Tore.

6 Marie von Ebner-Eschenbach, Ein kleines Lied

Ein kleines Lied,
wie geht's nur an,
dass man so lieb es haben kann.
Was liegt darin? Erzähle!
Es liegt darin ein wenig Klang,
ein wenig Wohllaut und Gesang
und eine ganze Seele.

7 Joseph Freiherr von Eichendorff, Die blaue Blume

Ich suche die blaue Blume,
Ich suche und finde sie nie,
Mir träumt, dass in der Blume
Mein gutes Glück mir blüh.
Ich wandre mit meiner Harfe
Durch Länder, Städt und Au'n,
Ob nirgends in der Runde
Die blaue Blume zu schaun.
Ich wandre schon seit lange,
Hab lang gehofft, vertraut,
Doch ach, noch nirgends hab ich
Die blaue Blum geschaut.

8 Joseph Freiherr von Eichendorff, Mondnacht

Es war, als ob der Himmel
die Erde still geküsst,

dass sie im Blütenschimmer
von ihm nun träumen müsst.
Die Luft ging
durch die Felder,
die Ähren wogten sacht.
Es rauschten leis die Wälder,
so sternklar war die Nacht.
Und meine Seele spannte
weit ihre Flügel aus.
Flog durch die stillen Lande,
als flöge sie nach Haus.

9 Joseph Freiherr von Eichendorff,
In Danzig

Dunkle Giebel, hohe Fenster,
Türme tief aus Nebeln sehn.
Bleiche Statuen wie Gespenster
Lautlos an den Türen stehn.

Träumerisch der Mond
drauf scheinet,
Dem die Stadt gar wohl gefällt,
Als läg' zauberhaft versteinet
Drunten eine Märchenwelt.
Ringsher
durch das tiefe Lauschen,
über alle Häuser weit,
Nur des Meeres fernes Rauschen.
Wunderbare Einsamkeit!
Und der Türmer wie vor Jahren
singet ein uraltes Lied:
Wolle Gott den Schiffer wahren,
Der bei Nacht vorüberzieht.

10 Erich Fried, Was es ist

Es ist Unsinn, sagt die Vernunft.
Es ist was es ist, sagt die Liebe.
Es ist Unglück,

sagt die Berechnung.
Es ist nichts als Schmerz,
sagt die Angst.
Es ist aussichtslos,
sagt die Einsicht.
Es ist was es ist, sagt die Liebe.
Es ist lächerlich, sagt der Stolz.
Es ist leichtsinnig,
sagt die Vorsicht.
Es ist unmöglich,
sagt die Erfahrung.
Es ist was es ist, sagt die Liebe.

11 Erich Fried, Alter

Zuletzt werde ich vielleicht
wie als Kind, wenn ich allein war
wieder freundlich grüßen:
»Guten Morgen, Fräulein Blume«
»Guten Abend, Herr Baum«
und mich verbeugen

und sie mit der Hand berühren
und mich bedanken
dass sie mir ihre Zeit
gegönnt haben.
Nur dass sie mir antworten
und auch »Guten Morgen«
und »Guten Abend« sagen,
werde ich dann
nicht mehr glauben.
Oder vielleicht doch wieder?
Davor habe ich Angst.

12 Wolfgang Maximilian von Goethe, Aus der Ferne

Wie schön!
wenn aus vergang'nen Zeiten
ein Jugendhauch den Geist bewegt,
und leis' an längst verklung'ne
Saiten

des viel bewegten Herzens schlägt!
Ist es ein Traum
aus frühen Tagen?
Ist es der Kindheit Sonnenblick?
Ich fühl' es tief
und kann's nicht sagen,
Ich fühle erster Tage Glück.
Was mir dazwischen
hingeflossen, vergessen ist es
wie das Heut;
Was mich umgibt,
wird übergossen
Vom Zauber der Vergangenheit.

13 Friedrich Hebbel, Ich und Du

Wir träumten voneinander
und sind davon erwacht.
Wir leben, um uns zu lieben,
und sinken zurück in die Nacht.
Du tratst aus meinem Traume.

Aus deinem trat ich hervor.
Wir sterben, wenn sich Eines
im andern ganz verlor.
Auf einer Lilie zittern
zwei Tropfen, rein und rund,
zerfließen in Eins
und rollen hinab
in des Kelches Grund.

14 Friedrich Hölderlin, Der Frühling

Die Sonne glänzt,
es blühen die Gefilde.
Die Tage kommen
blütenreich und milde.
Der Abend blüht hinzu,
und helle Tage gehen
vom Himmel abwärts,
wo die Tag' entstehen.
Das Jahr erscheint mit seinen Zei-
ten wie eine Pracht,

wo Feste sich verbreiten.
Der Menschen Tätigkeit
 beginnt mit neuem Ziele.
So sind die Zeichen in der Welt,
der Wunder viele.

15 Eduard Möricke, Er ist's

Frühling lässt sein blaues Band
wieder flattern durch die Lüfte.
Süße, wohlbekannte Düfte
streifen ahnungsvoll das Land.
Veilchen träumen schon,
wollen balde kommen.
Horch, von fern
ein leiser Harfenton.
Frühling, ja du bist's!
Dich hab' ich vernommen!

16 Eduard Möricke, Septembermorgen

Im Nebel ruhet noch die Welt,
Noch träumen Wald und Wiesen:
Bald siehst du,
wenn der Schleier fällt,
Den blauen Himmel unverstellt,
Herbstkräftig die gedämpfte Welt
In warmem Golde fließen.

17 Friedrich Rückert, Ihr habt nicht umsonst gelebt

Ihr habet nicht umsonst gelebt.
Was kann man mehr
von Menschen sagen?
Ihr habt am Baum
nicht Frucht getragen,
und seid als Blüten früh ent-
schwebt,

doch lieblich klagen die Lüfte,
die zu Grab euch tragen:
Ihr habet nicht umsonst gelebt.
In unser Leben tief verweht,
hat Wurzeln euer Tod geschlagen
von süßem Leid und
Wohlbehagen ins Herz,
aus dem ihr euch erhebt
in Frühlingstagen.
Als Blütenwald von Liebesklagen;
Ihr habet nicht umsonst gelebt.
O die ihr sanften Schmerz
uns gebt statt eure
an der Brust zu tragen,
Euch werden
fremde Herzen schlagen
von Menschenmitgefühl durch-
bebt bei unsern Klagen.
Was kann man mehr
von Menschen sagen?

Ihr habet nicht umsonst gelebt!

18 Franz Adolf Friedrich von Schober, An die Kunst

Du holde Kunst,
in wieviel grauen Stunden,
wo mich des Lebens
wilder Kreis umstrickt,
hast du mein Herz
zu warmer Lieb entzunden.
Hast mich
in eine bessre Welt
entrückt!
Oft hat ein Seufzer,
deiner Harf' entflossen,
ein süßer, heiliger Akkord von dir
den Himmel bessrer Zeiten
mir erschlossen.

Du holde Kunst, ich danke dir da-
für!

19 Hans Theodor Storm,
Die Kinder - Mein Häwelmann

Auf meinem Schoße sitzet nun
und ruht der kleine Mann.
Mich schauen
aus der Dämmerung
die zarten Augen an.
Er spielt nicht mehr, er ist bei mir,
Will nirgend anders sein.
Die kleine Seele tritt heraus
Und will zu mir herein.
Mein Häwelmann,
mein Bursche klein,
du bist des Hauses Sonnenschein.
Die Vögel singen, die Kinder la-
chen,

wenn deine strahlenden Augen
wachen.

20 Ludwig Uhland, Die Heimkehr

Bei einem Wirte, wundermild,
da war ich jüngst zu Gaste.
Ein goldner Apfel war sein Schild
an einem langen Aste.
Es war der gute Apfelbaum,
bei dem ich eingekehret.
Mit süßer Kost und
frischem Schaum
hat er mich wohl genähret.
Es kamen in sein grünes Haus
viel leichtbeschwingte Gäste.
Sie sprangen frei und hielten
Schmaus und
sangen auf das Beste.
Ich fand ein Bett zu süßer Ruh'
auf weichen grünen Matten.

Der Wirt, er deckte selbst mich zu
mit seinem kühlen Schatten.
Nun fragt' ich
nach der Schuldigkeit,
da schüttelt' er den Wipfel.
Gesegnet sei er allezeit
von der Wurzel bis zum Gipfel.

21 unbekannter Dichter,
12. Jahrhundert

Du bist mein, ich bin dein

Du bist mein, ich bin dein,
dessen musst du sicher sein.
Du bist beschlossen
in meinem Herzen,
verloren ist das Schlüsselchen.
Du musst für immer darinnen
sein.

22 aus des Knaben Wunderhorn
Blühe liebes Veilchen

Blühe liebes Veilchen,
das so lieblich roch,
blühe noch ein Weilchen,
werde schöner noch.
Weißt du, was ich denke,
Liebchen zum Geschenke
pflück ich Veilchen dich,
Veilchen, freue dich.
und das Veilchen sagt:
Brich mich, stilles Veilchen.
Bin die Liebste dein,
und in einem Weilchen
werd ich schöner sein.
Weisst du, was ich denke,
wenn ich duftend schwenke
meinen Duft um dich?
Knabe, liebe mich.

23 aus des Knaben Wunderhorn
Wenn ich ein Vöglein wär

Wenn ich ein Vöglein wär
und auch zwei Flügel hätt
flög ich zu dir.
Weil´s aber nicht kann sein
bleib ich allhier.
Bin ich gleich weit von dir
bin ich im Traum bei dir
und red mit dir;
wenn ich erwachen tu
bin ich allein.
In meinem Gärtelein
blüht ein schön´s Blümelein,
Vergiss nicht mein.
Dies Blümelein leg ans Herz
und denke mein.
Vergiss nicht mein.
Keine Stund in der Nacht

da nicht mein Herz erwacht
und an dich denkt,
dass du mir tausendmal
dein Herz geschenkt.

24 aus des Knaben Wunderhorn
Die Gedanken sind frei

Die Gedanken sind frei.
Wer kann sie erraten?
Sie rauschen vorbei
wie nächtliche Schatten.
Kein Mensch kann sie wissen,
kein Jäger sie schießen.
Es bleibet dabei,
die Gedanken sind frei.

25 aus des Knaben Wunderhorn
Guten Abend, gut Nacht

Guten Abend, gut Nacht,
mit Rosen bedacht,
mit Näglein besteckt.
schlupf unter die Deck!
Morgen früh, wenn Gott will,
wirst du wieder geweckt.
Guten Abend, gut Nacht,
von Englein bewacht,
die zeigen im Traum
dir Christkindleins Baum.
Schlaf nur selig und süß,
schau im Traum 's Paradies.

Liederzyklus nach *Gedichten*
von Siegfried Zabransky

„Und meine Seele spannte

weit ihre Flügel aus"

Kurzer Lebenslauf

Nach dem Abitur am humanistischen Gymnasium in Fürth/ Bayern studierte ich Humanmedizin in Erlangen und Innsbruck. 1965 Dissertation (Universitäts-Kinderklinik Elangen); 1977 Habilitation für das Fach Kinderheilkunde (Berlin Freie Universität; Kaiserin Victoria Kinderklinik); 1978 Professur (Universität des Saarlandes; Kinderklinik Homburg).

Als Sohn eines Musiklehrers bekam ich Instrumentalunterricht für Violine und

Klarinette. Ich wurde Mitglied im Schulorchester und später einer Studenten Combo Band.

Frühe Kompositionen schon in der Gymnasialzeit. Seit der Beendigung meiner beruflichen Laufbahn (2002) beschäftige ich mich intensiv mit Musikkompositionen, vorwiegend im Stil des New Orleans Jazz und des Swing. Ich habe zahlreiche Gedichte vertont und viele Walzer geschrieben.

www.sigihom.de sigihom@live.de

1 Prolog
1-01 Meine Lieder

Meine Lieder sing ich für mich
und meine Freunde.
Ich singe von Liebe,
Gefühlen, Träumen,
Gedanken, Wünschen,
von allem was mich bewegt
und Musik in sich trägt.
Ich beschreibe,
was meinem Auge gefällt.
Oft stehen die Worte am Anfang,
Melodie, Klang und Rhythmus
tragend.
Und da sind Melodien
ohne Worte.
Sie erwecken Gefühle
nach eigenem Empfinden.
Musik führt über das Wort hinaus,
lässt jedem eigene Deutung.
Rhythmus und Arrangement
vermitteln Farbe, Ausdruck und
Harmonie.
Worte, Reden, Musik im Lied oder
im großen Vortrag

einer Symphonie
sind nahe Verwandte.
Wie Wort an Wort zur Rede
sich aneinander reiht,
so formt der Ton an Ton
den Klang zum Lied,
zur Symphonie.
Die Harmonie der Töne
im rhythmischen Vortrag
wird zum Klang- und
Musikerlebnis.
In Bewegung, im fließenden
Strom der Klänge,
nicht statisch wie bildhafte Kunst,
erlebst Du Musik.
In Deinem Inneren,
je nach Empfinden,
entstehen Filme,
bewegende Bilder,
ganze Geschichten.
Du verlierst Körperschwere,
durchschwebst den Raum.
Zeitlos. Ohne Ende.
Wirst zu Tränen gerührt,
kannst weinen, auch lachen.
Wenn manches meiner Lieder

das mit Dir macht,
hab ich es gut gemacht.

1-02 **Prolog,**
Ich fang sie ein, die Melodeien

Ich fang sie ein,
die Gedanken und Melodeien,
die mir daher, so aus dem Nichts
in den Sinn kommen.
Ich sing meine Lieder
nur so für mich.
Die großen Poeten
und Komponisten
schwimmen im Meer
der Poesie und Musik.
Ich tauch nur die Spitzen
meiner Zehen
in kleine Pfützen.
Bin aber kein armer Poet,
sondern fühl mich
ganz reich und beschert,
denn in mir klingt es
wie echte Musik,
und nicht nur wie Skizzen.

2. Liebe

2-01 Ich bin allein

Ich bin allein.
und suche
Dich zu finden.

Ich seh´ Dich
vor mir sitzen,
leise lächelnd,
still, ergeben.
Ich hör´Dich sagen,
ohne dass ein Wort
von Deinen Lippen kommt,
ich liebe dich.

2-02 Meine große Illusion

Meine große Illusion,
mein Traum vom Glück bist Du.
Träumen, wachen, küssen, lieben,
glücklich miteinander sein.
Mein Traum vom Glück,
ich liebe Dich.
Leben will ich, lieben,
dich berühren, spüren,

dem Rausch der Sinne
mich ergeben.
ich liebe Dich.

2-03 Die Rose des Prinzen

Da du des Prinzen Rose bist,
die er so liebt,
da du des Prinzen Blume bist,
um die er sich so müht,
vergiss ihn nicht,
verlass ihn nicht,
wenn er zum Rosenstock
geworden ist.
Denn, Tod Alleinsein
nur bedeutet,
das Leben aber
Liebe in sich birgt.
Liebe, kleine Rose,
den Prinzen, der dich liebt.
Lieb ihn als Prinz, so wie er ist,
doch auch im Rosenstock,
dem du doch selbst entspringst.

2-04 Lächeln verzaubert

Lächeln verzaubert,
versteht und verzeiht.
Nimmt Trauer,
zeigt Hoffnung und
nimmt das Leid.
Bezauberndes Lächeln
aus dem Innersten spricht.
Verstehst du mich?
Alles wird leichter
durch den Zauber des Lächelns.
Fürchte dich nicht.
Alles, was mich traurig macht,
ein Lächeln lässt vergeh´n.
Alles, was mich glücklich macht,
ein Lächeln lässt besteh´n.

2-05 Ihr Lächeln

Sie hat mich lächelnd angesehen.
Ihr Blick hat mich verzaubert.
Ihm konnte ich nicht widerstehen.
Ihr Lächeln war ihr Zauber.
Ich werde sie nie wiedersehen.
Ihr Lächeln aber bleibt.

Es hat sich eingeprägt.
Ihr Lächeln wird mein Zauber.

2-06 Dein Lächeln hab´ ich so ver-
misst

Dein Lächeln
hab´ ich so vermisst,
dein fröhliches Gesicht.
Dich hab´ ich vermisst.
Dein Lächeln habe ich vermisst,
deine Nähe, deine Wärme,
deine Augen, dein Gesicht.
Dich hab´ ich vermisst.
Deine Lippen, deine Küsse,
deine Stimme, deine Lieder,
deine Nähe, deine Wärme,
das alles habe ich vermisst.
Jetzt bist du hier.
Ich hab´dich wieder.
Ich halt´dich fest.
Lass dich nicht los.
Träumen? Wachen? Wirklichkeit?

2-07 Du hast das Herze mein
ganz eingenommen dein

Du hast das Herze mein, ganz
eingenommen dein.
Ich bin verliebt in dich, so verliebt
in dich.
Du hast verzaubert mich, ganz
eingenommen mich.
Ich bin dein, du bist mein. Eins
wollen beide wir sein.
Bleib bei mir, ich bleib bei dir.
Eins wollen beide wir sein.

2-08 Ein Wunder geschah

Ein Wunder geschah als ich dich
sah.
War so verzaubert, beglückt.
War dir ganz nah.
Ein Wunder geschah.

2-09 Ich hab geweint

Ich hab geweint aus Leid als du
Abschied nahmst.
Ich hab geweint aus Freud als du
wieder kamst.
Jetzt kann ich lachen, fröhlich

sein,
muss keine Tränen mehr vergie-
ßen.
Du bist da.

2-10 Ich brauch kein Wein

Ich brauch kein Wein,
ich brauch kein Schnaps.
Ich brauch nur dich allein
zum Glücklich sein.

2-11 Die Liebenden

Sie stehen sich gegenüber,
lassen vom Anderen nicht los,
verschmelzen, sind eins,
sind nicht mehr unterschieden.
Das liebende Paar.

2-12 Was bin ich ohne dich?

Vogelgleich schweb´ich ins Tal.
Steige hoch
bis in der Berge Gipfel.
Frei von Körperschwere,

nur Gefühl.
Befreit von Allem was bedrückt
und fern mich hält
vom Glücksgefühl
vereint zu sein mit dir.
Schneebedeckte Hügel,
eisbeladene Gebirge,
tiefverschneite Pfade.
Kalte Schönheit ohne Sonne,
deren Strahlen erst beleben und
empfinden lassen
die Natur als Glücksgefühl.
Ich fang sie ein in meiner Seele
Stunden voller Glück.
Wenn deine Wärme mich umgibt,
dann kommen sie zurück
die Stunden trauten Glücks.
Der Sonne Strahlen gleich
erweckt sie mich zum Leben.
Was bin ich ohne dich?

2-13 Ist es Liebe?

Ob ich dich liebe?
Ich weiß es nicht.
Was ist denn Liebe?

Ich weiß es nicht.
Doch was ich fühle,
was mich erfüllt,
im Innersten,
das ist der Wunsch,
ganz nah dir sein
und spüren
Wärme, Leidenschaft
und Lust,
zu reden und zu schweigen,
spüren, tasten, fühlen,
verschmelzen mit dem Du.
Eins zu sein mit Dir.
Ob´s ewig dauert,
Tage, Wochen, Jahre?
Nur, die Ewigkeit
ist nicht von dieser Welt.
Vergänglich und
dem Jetzt behaftet
das ist der Mensch und
alles hier auf Erden.
Die Liebe,
göttlich muss sie sein,
denn zeitlos ohne Ende
empfindest Du das Glück,
entrückt von allem was Dich

drückt.
Ja,
es muss doch Liebe sein,
was ich empfinde.
Ich schwebe, fliege engelgleich.
Das Göttliche vor Augen.
Raum und Zeit
verlieren an Bedeutung.
Ja, vielleicht ist es Liebe,
was ich empfinde.
Vielleicht sind es aber
doch nur Triebe.

3. Jahreszeiten

3-01 Der Frühling ist da

Nach des Winters kalten Tagen
die Natur erwacht.
Der Frühling ist da
mit all seiner Pracht.
Der Frühling ist da.
Blühende Blumen,
singende Vögel,
wärmende Sonne

mit hellem Licht.
Der Frühling ist da.

3-02 Wenn der Frühling kommt

Wenn der Frühling kommt,
die Natur erwacht,
alle Blumen blühen,
alle Vöglein singen,
dann pocht mein Herz
voll Leidenschaft.
Dann möcht´ ich mich verlieben,
verlieben, in dich.

3-03 Der Flieder blüht, der Mai ist da

Der Flieder blüht, der Mai ist da.
Ich höre die Vögelein singen.
Das Herz geht auf.
Der Trübsinn weicht.
Der Frohsinn und Freude
das Leben jetzt bestimmen.

3-04 Der Maler Herbst

Der Himmel blau,
die Bäume bunt,
der Maler Herbst
macht seine Rund.
Das mag mir sehr gefallen.
Die Blätter fallen.
Bald schläft der Wald.
Das Vögelein
dann nicht mehr singt.
Das mag mir nicht gefallen.

3-05 Wenn im Herbst die bunten Blätter fallen

Wenn im Herbst
die bunten Blätter fallen,
alles sich zur Ruhe legt,
meine Liebe nicht vergeht.
Wenn im Herbst die Blätter fallen,
denk an mich. Ich liebe dich.
Denk an mich,

ich lasse dich nicht fallen.
Denk an mich, ich liebe dich.

4. Natur

4-01 Früh morgens

Früh morgens,
wenn der Tau perlend noch auf
den Blättern liegt und
das Morgenlicht einfängt,
geh ich in meinen Garten.
Die Tulpen halten ihre
farbenprächtigen Blüten
noch geschlossen.
Im Laufe´der folgenden Stunden
mit zunehmender Wärme
unter der mittäglichen Sonne
öffnen sie sich, und zeigen
ihr wundersames Innere.
Jetzt laden sie auch Gäste ein.
Bienchen, Hummeln und
andere fleißige Sammler.
Abends,

wenn die Sonnenstrahlen
schwächer werden,
und die Gäste
die schmackhaften Pollen
nach Hause getragen,
verschließen sie sich wieder.
Das ist der Lauf,
in dem die Blumen
und ihre Gäste
miteinander erblühen
und gedeihen,
und uns dabei erfreuen.
Wir sind eingebunden
in diesen Kreislauf des Lebens.

4-02 ZauberBlumenFarbenPracht

ZauberBlumenFarbenPracht
kunstvoll geformter Blüten
erfreut mein Auge,
zeigt wundersam Natur.
Rote Rhododendren,
gelbe/rote Azaleen,
weißblühender Oleander,

blauer Flieder,
und viele andere dieser herrli-
chen Gebilde,
selbst der stachelige,
nicht schön anzusehende Kaktus,
öffnen ihre Blüten
wetteifernd um die Gunst
der Bienen, Hummeln
und anderer Bestäuber.
Sie landen auf den großen,
schützenden Blütenblättern,
wandern bis auf den Grund
ins Innere der Blüte,
vorbei an zierlichen
Staubfäden zum Staubbeutel,
wo sie den begehrten
Pollen finden.
Vollgepackt mit Blütenstaub
fliegen sie zur nächsten Blüte,
bestäuben sie und tragen so bei
zum Kreislauf des Lebens.
Ein Nehmen und Geben.
Wunderbare Natur zeigt sich
dem staunenden Betrachter,
der bewundernd innehält und
dies Wunder der Natur erkennt.

4-03 Die letzten Rosen

Als Gruß aus meinem Garten
bring ich dir
die letzten Rosen.
Sie soll´n erfreuen dich,
eh´sie verblüh´n.
Sie soll´n erfreuen dich
und denken lassen,
wenn Herbst und Winter
sind vergangen,
einer neuer Frühling,
und ein neuer Sommer
werden kommen,
und Rosen
werden neu erblüh´n.

4-04 Der Regenbogen

Ein kleiner Regentropfen,
unscheinbar und
doch so mächtig.
Trifft ihn der Sonne Strahl
an rechter Stelle,
erscheint am Firmament
ein wunderbarer Regenbogen,

siebenfarbig,
ohne Anfang, ohne Ende.
Was unsichtbar vorher
ist nun vor aller Augen
klar zu sehen.
Ein farbig Band
das von der Erde
zum Himmel
im hohen Bogen steigt
und wieder herab
ins Unendliche am Boden fällt.

4-05 Ein grünes Band

Ein grünes Band
umziert die wohlgeformte
leicht braun getönte Vase.
Rosen, Tulpen, Flieder,
Blumen aller Art trägt stolz sie,
lässt sie gepaart mit Wasser
viele Tage überleben.
Die Vase gibt Blumen das Leben.
Die Blumen lassen der Vase
Schönheit erstrahlen.
Zusammen erfreu´n sie
das Auge und zeigen das Leben.

4-06 Zwei Störche

Zwei Störche
flogen über mich hinweg
als ich morgens
in den Auen um den Weiher
wandern ging.
Ein Frosch hing zappelnd,
quakend,
in des einen Schnabel.
In des anderen,
-ich glaubt es kaum-
sah ich ein
fröhlich lachend Kindlein
wie in einer Schaukel
schwankend sitzen.
Sie flogen gar nicht hoch.
Ich konnte im Detail sie sehen.
Was war geschehen?
Das konnte doch nicht sein.
Das konnte es nicht geben.
Das Auge
hat mich wohl getäuscht.

Der zappelnde Frosch
im Schnabel des Storches,
das ist banal und gewöhnlich.
sicherlich auch real.
Der Kindlein bringende Storch
eine Fabel bisher für mich war.
Jetzt hab ich ihn selbst gesehen.
Es ist keine Fabel, keine Mär.
Es ist wahr.
Und doch, wenn ich nachdenk,
war da kein Kindlein
im Schnabel des Storches.
Es sah nur so aus.
Wer weiß was er trug
im Schnabel der Storch.
Schöner, jedoch, bleibt
in Erinnerung das Kindlein
im Schnabel des Storches.
Und die Moral
von der Geschichte:
Dein Auge täuscht dir gerne vor,
was zu sehen dir gefällt.

was gar nicht wirklich da.
Du siehst,
was du gern sehen willst.
Und schöner ist´s zuweilen,
das der Wirklichkeit Ferne
für das Reale zu halten.

5. Leben

5-01 Leben

Leben,
so lang ein Ton ertönt.
Leben,
so lang Musik erklingt.
Leben,
so lang die Sonne scheint.
Leben,
so lang ich
deine Wärme spüre.

5-02 Ich lebe noch

Ich lebe noch.
Atme. Spüre.
Lache. Weine.
Liebe.
Ich lebe noch.

5-03 Als ich ein Bub war

Als ich ein Bub war
träumte ich,
mal groß und
stark zu sein.
viel zu bewegen.
Als Mann
war ich nicht groß,
doch stark.
Jetzt bin ich alt,
nicht groß,
nicht stark,
doch viel bewegend.

5-04 Ich wollt, ich wär´ ein Künstler

Ich wollt, ich wär´ ein Künstler
und könnt bezaubern dich
mit meinen Liedern,
mit meinen Versen,
bezaubern dich.
Ich wollt, ich wär´ein Künstler,
und könnt bezaubern dich
mit einem Bild.
Ich wollt, ich wär´ein Sänger,
und könnte singen
dir ein Lied von Liebe.
So bleib ich stumm,
kann doch nicht singen.
ich schreib mein Lied
für dich.

5-05 Manchmal wär´ich gern

Manchmal
wär´ich gern ein Vögelein
und flög zu dir.
Manchmal,
wär ich gern ein Bienchen

und würde gern
an bunten Blüten naschen.
Manchmal
wär ich gern die Nachtigall
und trällerte meine Lieder.
Manchmal
wär ich auch gern
ein stummer Fisch oder
ein geselliger Delfin.
Manchmal
würd ich gern als Fohlen
über grüne Wiesen galoppieren
und sorglos
mich des Tages freuen.
Manchmal
würd ich gern
auf Berges Höhen wandern und
ins weite Tal hinabsehen.
Manchmal
möchte ich nur ich sein.
Manchmal bin ich traurig,
bin ich doch allein.

5-06 Du musst nicht verzagen

An des Winters
kalten Tagen,
grau und wenig Licht,
kannst du leicht verzagen,
doch du musst es nicht.
Der Frühling wird kommen,
die Sonne wird scheinen
und dich erwärmen.
Der Frühling wird kommen,
das Vögelein singen sein Lied.
Der Frühling wird kommen,
die Blümelein werden erblüh´n.
Du musst nicht verzagen.
Die Hoffnung
bleibt immer bestehen.
Du musst nicht verzagen.
Nach grauen Tagen
wird´s besser bald geh´n.
Du musst nicht verzagen. Alles
wird bald gut.

5-07 Wiegenlied

Mein Mädelchen,
mein liebes Kind,
mach deine Äuglein zu.
Mein Mädelchen,
mein liebes Kind,
nun schlafe, träume.
Ich bin bei dir.
Schlaf ruhig ein.

5-08 Ein Engelchen

Ein Engelchen
begleite dich
auf allen deinen Wegen.
Ein Engelchen
beschütze dich
bei allem was du tust.
Ein Engelchen
will ich dir sein,
begleiten und beschützen.
**Und wenn die Zeit gekommen ist,
sollst du mein Engel sein.
Begleiten mich,
beschützen mich.**

Mein Engel sollst du sein.
Ein Engelchen
wird bei uns sein
Und uns beschützen.

5-09 Wo bist du?

Du hast mit mir geredet,
hast oft mich auch besucht,
hast mit mir geredet
und mir auch zugehört.
Wo bist du? Wo bist du?
Wo ist die Zeit mit dir?
Hab lange nichts gehört.
Hast lange nicht geredet
und mir nicht zugehört.
Wo bist du?
Hast lang
mich nicht besucht,
nicht geredet und
nicht zugehört.
Das Heute zählt.
Was gestern war
Unwiederbringlich
ist vorbei.
Nutze die Zeit

eh´es zu spät ist.
Nutze die Zeit,
eh sie vorbei.
Sonst bist auch du allein,
wenn du nicht redest,
wenn du nicht zuhörst.

5-10 Versprechen

Leg deine Hand in meine Hand,
geborgen sollst du sein.
Sterne vom Himmel
kann ich nicht holen,
will aber hier auf Erden
dich begleiten und da sein,
wenn du mich brauchst.
Besonnenheit und Geduld,
Zuversicht und Glaube
ans Wunderbare wünsch´ich dir.
Glück kommt dann von allein,
wenn du mit dir im Einklang bist.

5-11 Ein neuer Tag beginnt

Ein neuer Tag beginnt.
Vom Schlaf erwacht

erfass ich kaum
des Lebens Wunderkraft.
Reglos lag ich da im Bette.
Jetzt, da ich erwacht,
und versuche, aufzustehen,
regen sich die Glieder wieder.
Ich verspüre Leben.
Langsam erst,
dann immer muntrer.
Komm ich aber bald
an meine durch das Alter
wohl gesetzte Grenzen.
Gut gelaunt, und sehr gespannt,
was der Tag wohl bringen mag,
mache ich die ersten Schritte.
Ich sage ja, zu diesem Tag.

5-12 Abends

Abends,
nach einem langen Tag,
lass ich vorüberziehen an mir,
was so geschah.
Morgens, im Garten,
sah ich die Blüten der Blumen
sich öffnen.

Sah ihre Gäste,
Bienen, Hummeln und andere
muntere Gesellen,
beim Sammeln von Pollen.
Ich saß in der Sonne
bei klarem, blauen Himmel,
kein Wölkchen verdeckte
die wärmenden Strahlen.
Später wurde es heiß,
über 30 Grad.
Im Strandkorb sitzend
unter aufgespanntem Schirm
jedoch war es erträglich.
Ein kühles Getränk
half unterstützend.
Nachmittags war es
die Lekture eines Buches,
die mich die Zeit
vergessen ließ und
zum tiefsinnigen Denken anstieß.
Abends verhalf ich den
Pflanzen des Gartens
zu einem kühlen Bad.
Und schrieb nieder das Lied,
das schon den ganzen Tag
Im Kopf mir herumging,

Es war ein schöner Tag.
Ich sage ja, zu diesem Tag.
Ich sag auch ja
zu dem Tag zuvor.

Es regnete.
Ich blieb im Zimmer.
Mir ging es nicht gut.
Der Kopf tat weh.
Kein Einfall, keine idee
zu einem neuen Lied.
Zur Lektüre eines Buch fehlten
Lust und Konzentration.
Es ist mir bewusst,
nicht immer
scheint die Sonne,
nicht immer
ist der Kopf frei.
Im Wechsel von Angenehmen zu
Unangenehmen erst
wird beides
bewusster empfunden.
Ich sage daher ja
auch zu diesem Tag.
Nehmen wie's kommt,
ist meine Devise.

5-13 Noch einmal

Noch einmal, möcht ich-
- über grünes Gras barfuß geh´n.
- in den Bergen mit dir wandern.
- Blumen pflücken in den Wiesen.
- lachen wie ein Kind und fröhlich sein.
- den warmen Sommerregen spüren.
- am endlosen Strand spazieren gehen.
- eins sein mit mir und der Welt.

5-14 Der alte Mann

Der alte Mann am Fenster steht.
Sein linsentrüber Blick
verliert sich in den Bäumen,
die den Hof vor seinem Haus umsäumen.

Der herbstlich kühle Wind
wirbelt zu einem Kreiselspiel
die bunten Blätter und fegt den Hof.

Niemand sitzt auf der Bank vor
den Linden.
Keiner geht an den Ufern
des mit windgeschlagenen Wellen
fließenden Flusses spazieren.

Da ist kein Mensch zu sehen,
nur herbstliche Natur zu spüren.
Die Luft ist rauh
und doch so mild.
Er atmet tief. Spürt Leben.
Doch Einsamkeit umschleicht
sein Herz und sein Gemüt.

Da sieht er einen Jungen
zur Bank fröhlich hüpfen.
Und von der anderen Seite
ein Mädchen langsam kommen.
Sie nehmen Platz, lachen
und reden lustig miteinander.

Plötzlich
verdeckt eine Nebelwand
das junge Paar.

Der alte Mann wacht auf
aus seinem Traum.

Er sah sich selbst,
wie er vor vielen Jahren
sein Mädchen
dort im Nebel verlor.

6. Trinklieder

6-01 In Vino Veritas

In vino veritas, amicus verus
wer ist das ?
Denk daran,
mein lieber Freund,
ein kühler Tropfen Wein
zur rechten Zeit,
ein guter Jahrgang
aus guter Lage,
allein das mag schon
herrlich sein.
Doch mit einem Freund,
egal zur welcher Stunde,
trinkst Du den Wein
in freundschaftlicher Runde,

und fühlst Dich frei und unbe-
schwert.
Im Paradies wirst Du´s nicht
schöner finden.
 Stoß an das Glas mit mir.
Wir wollen feiern.
Weihnachten ist´s.
Ein weiteres Jahr liegt hinter uns.
Nicht immer war´s nur leicht und
unbeschwert und hat auch noch
Profit beschert.
 Es waren da noch viele Stunden
trüben Sinns,
und ohne süßen Wein.
Das soll auch nicht
vergessen sein.
Rein und alt soll er sein,
der Wein.
da war auch Junges,
Jetzt schenk ihn ein den Wein,
der dir die Sinne schärft und
nicht vernebelt,

wenn´s darum geht zu sehen
auf den Grund der Dinge und des
Glases.
 In vino veritas, Amicus verus wer
ist das ?
Wer Dir die Wahrheit sagt,
so bitter sie auch schmeckt.
Wer schweigt, wenn reden nicht
gefragt.
Wer kommt, wenn andere gehen,
Wer geht, wenn´s an der Zeit
In vino veritas. Amicus verus wer
ist das ?
Wer mit mir trinkt,
wer mit mir singt,
und kummervolle Tränen nimmt.
Amicus verus est.
In vino veritas.
 Dass nur bei Freud und leichten
Sinns
die Tränen rollen Dir ins Glas,
ich wünsch Dir das.

Ein frohes Weihnachtsfest
gesund und munter
all´Deine Lieben in der Runde
so sollst Du ´s feiern.
Sollst fröhlich sein.
Jetzt trink den Wein, stoß an.
Nicht laut, ganz leise.
Die Zeit der Stille ist.
Der Reim, so wie im Leben,
nicht immer passt, was macht´s.

6-02 Wein, Weib, Gesang

Wein, Weib, Gesang,
wenn Lage, Jahrgang stimmen,
rücken den Himmel näher dir.
Im Rausch der Sinne
wird Schweres leicht,
das Weib erscheint
als Engel dir.

Der Wein
von Lage und dem Jahrgang
wird bestimmt--wie jeder weiß.

Beim Weib ist's ähnlich,
doch nicht ganz so leicht.
Will näher das jetzt
nicht ergründen.

Das Weib bei Wein –
Ja, so ist's fein.
Der Wein allein –
auch ohne Weib- lässt
den Gesang dich finden.

Doch alle drei – zu guter Letzt
Wein, Weib, Gesang zugleich,
das ist's, was wir uns wünschen.

Lasst uns mit Wein
dem Weib Gesang erfinden.

Es lebe hoch der Wein
aus guter Lag´
und gutem Jahr.
Es lebe hoch das Weib
in guter Lag´und gutem Jahr.

Ich trink auf Euch
Ihr Freunde.

Stoßt an mit mir
auf unsere lieben holden Frauen,
die wir auch ohne Wein
ganz gut ertragen.

6-03 Lasst uns singen

Lasst uns singen unsere Lieder,
lasst uns fröhlich sein,
lasst uns fröhlich singen.
Hebt die Gläser und stoßt an.
Trinkt den Wein. Wir wollen fröh-
lich sein.
Es lebe die Freundschaft, es lebe
der Freund.
Lasst uns Freunde sein.

7. Philosophisches.
Erkenne Dich selbst und
suche den anderen.

7-01 Die Würde des Menschen

Keiner ist ohne Bedeutung,
keiner ist wertlos.
Erkenne dich und die anderen.
Folge beharrlich dem Weg
zu dir selbst.
Forme dich zu deinem Bilde.
Bescheidene Selbsteinschätzung
ist wichtig.
Bedeutung und Wert
eines Menschen
bestimmen aber die anderen.
Deine Bedeutung ergibt sich
aus der Meinung der anderen,
aus deiner Fürsorge
für Mitmenschen,
aus dem, was du für andere
erdacht und getan.
Dabei kommt jedem,
auch dem Ärmsten und
Schwächsten,
die Bedeutung zu,

gebraucht zu werden,
wenn auch nur von einer Person.
So besitzt jeder Mensch
Bedeutung und Wert.
Dies ist die Würde des Menschen.

7-02 Das Leben ist, so wie es ist

Das Leben ist,
so wie es ist,
meist nicht zu ändern ist.
Meist nicht zu ändern ist.
Mal hoch. Mal tief.

Wehre dich nicht,
Lass gescheh´n,
was nicht zu ändern ist.
Doch wehre dich,
wenn du erkennst,
du kannst es ändern,
was dich bedrängt.

7-03 Die Zeit

Die Zeit vergeht
und eh du dich umsiehst
ist es zu spät
für Versäumtes,
unwiederbringlich vorbei.
Nur Erinnerungen,
wenn es welche gibt,
verbleiben.
Wenn du reden willst,
dann rede jetzt.
Wenn du zuhören kannst,
dann tu es jetzt.
Willst du bei mir sein,
dann komm jetzt
und lass uns
ein Stück des Weges
gemeinsam gehen,
bevor ich alleine
meinem Ziel
weiter entgegenschreite.
Was wichtig heut,

verblasst und wird klein.
Was später dir groß
und bedeutend erscheint,
hast du versäumt,
unwiederbringlich.
Jetzt greif zu,
nimm und gib,
wenn du zu geben hast.
Du lebst nur im jetzt.
Unwirklich
ist das gestrige geworden.
Das Morgen ist möglich,
muss aber nicht sein.

7-04 Was bleibt

Nackt kam ich,
nackt geh ich.
Nichts
hab ich.
Nichts
nehm ich mit.
Es bleiben, vielleicht,
Erinnerungen an das

was ich getan und gesagt,
was an Empfindung
bei anderen
haften geblieben.
Es bleiben die Lieder,
wenn sie
zum Klingen gebracht.
Denkst Du an mich,
lass tönen meine Musik.

7-05 Bedingungslos

Das Leben
bietet sich dir an,
bedingungslos.
Der Rahmen
ist vorgegeben.
Wehre dich nicht,
nimm an.
Fülle ihn aus
mit deinen
Gedanken, Fantasien, Ideen,
Taten und Werken.
Forme den Ton

zur Gestalt und Person,
die Du sein willst.
So wirst Du ganz Du
nach deinem eigenen Bild
im vorgegebenen Rahmen.

7-06 Ich bin die Seele

Ich bin nicht
mein linkes Ohr,
auch nicht
mein rechter Zeh,
nicht mein Auge, meine Nase,
nicht der Bauch und
nicht die Hand.
Ich bin die Seele.
Eingeengt in dies Korsett.
Geh ich durch die Welt
mit kleinen Schritten.
Ich spanne meine Flügel aus,
und fliege dann nach Haus,
wenn alles, was mich jetzt hält,

zu Ende ist, verfällt.
Ich bin die Seele.
Ich werde nicht vergehen,
nicht untergehen.
Ich bleib ein Teil
vom Ganzen für die Ewigkeit.

7-07 Das Leben ist kurz

Länger werd ich tot sein
als ich lebe.
Das Leben ist kurz.
So will ich keine Zeit vertrödeln.
Das jetzt und Hier ist das Leben.
Nicht gestern, nicht morgen,
das heute will ich gestalten,
ergründen, erfragen, entdecken.
Alles um mich, Alles in mir.
Alles was Freude mir macht.
Alles was mich bedrückt.
Was besser ich tu, was lieber ich
lass.

Die Seele in mir
lässt das zeitlich begrenzte
leichter ertragen.
Die Seele in mir,
das bin ich selbst.
Ich dirigier,
ich treibe voran.

7-08 Die Blume, der Baum, der Vogel, der Fisch

Die Blume, der Baum,
der Vogel, der Fisch
haben mit mir Vieles gemein.
Wir leben, vergeh´n,
und kommen als Spezies wieder
in neuer Gestalt,
mit neuer Lust am Leben.
Wie es der Blume, dem Baum,
dem Vogel und Fisch
ergeht, wenn sie verblühen,
und ihre Gestalt verlieren,
kann man verstehen.

Auch mein Körper durchläuft
den gleichen Prozess
des Lebens und des Vergehens.
Es geht alles auf in Eins.
Meine Seele jedoch
wird bleiben für die Ewigkeit.
Vielleicht treffe ich dann doch
die Blume, den Baum, den Vogel
und den Fisch
und wir sind alle zusammen das
Leben.

7-09 Morgengebet

Gott, ich danke dir
für diesen Tag.
Lass strebend mich
das Ziel erreichen,
der zu sein,
der deinem und
auch meinem Bild entspricht
Gott, ich danke dir
für diesen Tag.

7-10 Die Lust am Leben

Damit du wieder munter wirst,
das Herz Dir hüpft
und fast zerspringt
aus Lust am Leben
und der Liebe,
schau Dir den blauen Himmel an,
die Sonne ,
wenn sie strahlt am hellen Tag,
den Mond
in lauschig stiller Nacht.
Hör auf das Lachen
eines Freundes,
Musik
mit leichtbeschwingten Melodien.
Hör auf den leisen Piepston
auch vom Spatz.
Dann hörst Du auch
Dein Inneres endlich sagen:
ja, das ist´s, was Sinn macht,
Freude und die Lust am Leben.

8. Der letzte Tag

8-01 Nicht im Frühling

Nicht im Frühling,
nicht im Sommer,
erst im Herbst, der Zeit der Reife,
will ich geh´n
auf Reise in die Ewigkeit.

Dann legt die Asche in ein Grab
unter einem Baum
mit weitem Schirm der Äste,
Blätter, die nicht welken und
nicht fallen spät im Herbst,
die schützend auch im Winter
den Ort der Stille nennen.

Eine Bank stellt mir darüber,
wo meine Liebste mag verweilen
und Freunde rasten im Vorüber-
gehen.

Tränen sollen hier nicht fließen.
Lachen und ein Lied möcht ich
vernehmen.

Denkt an die guten Zeiten
und wisst,
dass wir uns wiedersehen.

8-02 Unterwegs

Der letzte Tag wird kommen.
Wer weiß, wann das geschieht.
Bis dahin will ich
über grünes Gras geh´n und
Blumen pflücken,
mich der Natur erfreu´n.
Wenn es Winter ist, bei Schnee,
frische Luft einatmen.
Im Herbst mich unter Bäume le-
gen, deren bunte Blätter
mich berieseln.
Ich will tief einatmen,
mich spüren und Leben fühlen.
Und dann werd´ich gehen.
Vorausgehen nur.
Von Trauer keine Spur.
Ins and´re Leben wandr´ich nur.

8-03 Dann komme ich nach Haus

Herr, lass mich sagen,
was noch zu sagen.
Herr, lass mich tun,
was noch zu tun.
Dann will ich kommen
in deine Arme,
dann komme ich nach Haus.
Herr, lass mich danken
meinen Freunden.
Herr, lass mich singen
meine Lieder.
Herr, lass mich halten
in meinen Armen die Liebsten.
Dann will ich kommen
in deine Arme.
Dann komme ich nach Haus.

8-04 Ein Gruß von Drüben, Adieu

Als ich noch hier auf Erden war,
hat keiner mich besucht
im letzten Jahr.
Auch in der Zeit vorher
hat keiner mich gefragt,
wie es mir geht,
wonach mein Sinn auch steht.
Jetzt ist es zu spät.
Ich geh nach Hause, ganz alleine.
Ich kenne den Weg,
ich kenne das Ziel.
Meine Seele, das bin ich,
spannt jetzt weit ihre Flügel aus
und bringt mich heiter
und beschwingt nach Haus.
Was ich zurück auf Erden lasse,
wird bald zur Erde wieder.
Die Ihr mich nicht besucht
als ich noch hier war,
müsst jetzt auch nicht
zu diesem Anlass auf den Weg
Euch machen
und dabei sein wollen
an dem Grabe.

Bleibt zu Hause
wie auch früher schon.
Lasst es euch gut gehen.
Ich grüße Euch.
Sigi, ein fröhlicher Mensch
bin ich gewesen,
die Musik hat mir-
noch auf Erden-
Blicke in den Himmel erlaubt.
Spielt meine Musik,
hört sie Euch an.
Ich werde dabei sein,
und mit Euch reden.
Das Leben ist schön,
nur leider zu kurz.
Nutze die Zeit, lese die Zeichen.
Lebt wohl, und denkt daran,
keinem ist ewiges Leben
hier auf Erden beschieden.
Und nur wenig bedarf es
um zufrieden und glücklich zu
sein.

8-05 Im Kreislauf des Lebens

Der Erde wiedergegeben,
aufgenommen von den Wurzeln
für das Wachstum des Baumes,
der Menschen
das Atmen ermöglicht,
bleib ich dem Kreislauf des Le-
bens erhalten.
Bin nicht verloren.

Du findest mich
im Wald bei den Bäumen,
bei den Blumen im Garten,
beim Atmen in den Bergen,
im wogenden Meer.

Du findest mich
beim Klang meiner Lieder,
und wirst mir begegnen
beim Tanz allen Seins
in Harmonie um Gott,
der das alles ermöglicht.

9. Mit Achtzig

9-01 Mit 80 kommst du dem Himmel immer näher

Mit 80 kommst du dem Himmel
immer näher.
In Andechs,
auf dem Heiligen Berg,
bist du ihm ganz nah.

Wenn in der Klosterkirche
die Orgel spielt und
mein Ave Maria, Pater Noster und
Credo erklingen,
hör ich die Englein singen
und mein, ich bin im Himmel.

Wenn ich danach im Klosterbräu
bayerisches Bier
und Speisen genieße,
weiß ich, ich bin im Himmel.

(Siegfried Zabransky, geschrieben am
9.8.2017 in Erwartung des Festes am
29.9.2017)

Zeitfracht Medien GmbH
Ferdinand-Jühlke-Straße 7
99095 Erfurt, Deutschland
produktsicherheit@kolibri360.de